海外旅行クレーム予防読本

事例で読み解く

安田亘宏 YASUDA Nobuhiro ・ 菅生洋 SUGO Hiroshi 著

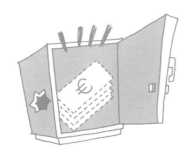

学芸出版社

はじめに

　旅行会社の企画実施するいわゆるパッケージツアーの参加者の旅行後の満足度は概して高い。それは、参加する旅行者がツアーを楽しみ良い思い出を残したいという強い気持ちがあること、企画実施する旅行会社が大手・中小を問わず自社のパッケージツアーの品質管理への取り組みが生命線と考えているからである。

　しかし、旅行は目に見えず、手に取ることができず、事前に体験できない無形の商品であり、返品もできない商品である。旅行商品は、季節や天候、またサプライヤー(旅行素材供給者)であるホテル・旅館や航空会社、鉄道会社、バス会社、観光施設などの事情や対応などさまざまな要素が、旅行者の満足度を大きく左右するという特性を持っている。とくに海外パッケージツアーにおいて言語や文化、習慣、食事などの違いがさらに大きな要素となってくる。

　海外旅行は、多くの旅行者が気軽に出かける時代となったとはいえ、決して安価なものではない。また、海外情報が容易に入手でき、その動機、目的が多様化、個性化しているなかで、旅行者の思い描く旅のイメージとの間にギャップが生じることがある。海外ゆえに少々のことは我慢して旅を楽しもうという思いの半面、ちょっとしたことで不満が生じ、大きなクレームとなってしまうことも少なくない。

　クレームの起こる場面は、当然のことながら旅行中がもっとも多いが、それらのクレームは旅行中に解決されることも数多くある。そこで解決されないもの、さらに帰国後に気がついたことなどが旅行後に大きなクレームとなって発生する。まれに、旅行の出発前に発生することもある。

　クレームの発生原因はまさに多様である。パンフレット記載内容との相違、つまり欠陥商品であったり、ホテルや飛行機への不満、現地旅行会社の手配ミス、販売員のミスインフォメーションや添乗員やガイドの不十分な対応のこともある。現地での不測の事態や実際の事件に巻き込まれるこ

ともある。なかには旅行者自身の誤解、思い込み、我儘が起因となることもある。近年の消費者保護を一番とする潮流は、消費者の権利意識を高めていき、とりあえず気になった不満は申し入れるという傾向が生まれてきている。

いずれにしても、旅行会社や実際に旅行者と対応する添乗員や現地スタッフにとっても予想のつかないトラブルは常に存在する。旅行会社がどんなに頑張っても旅行後のクレームはなくなることはないかもしれない。

このような消費者優位の時代に旅行会社は逃げることなく消費者と正対することが求められている。それは、クレームに対し顧客の立場に立って的確に対応することも重要だが、そのまえに、一つのクレームも創り出さない商品品質管理、販売体制、添乗業務などの斡旋体制、アフターフォローの仕組みをつくることが最大の課題である。

クレームは顧客からの最大の贈り物とも言われ、商品改善や業務改善に直結する旅行会社にとってはとても重要なもので、その対応は顧客の維持拡大に必要不可欠な日常活動である。しかし、クレームは、旅行の企画造成現場、旅行の販売現場にとっても、実際に旅行現場で顧客に対応した添乗員やガイドにとっても、けっして誇れるものではない。できるだけ早く、できれば大ごとにせずに解決したい出来事であり、それらが外部に伝わることは少ない。

社内でクレームを共有する仕組みをつくっている旅行会社は数多いが、企画造成現場、販売の現場、添乗やガイドの現場で顧客と日々接しているスタッフは案外、クレームに関する知識や情報を持っていないようである。そもそもが、オープンに多くの人に伝える類の事柄ではないという性質のものであり、クレームの量やクレームの内容はその旅行会社の信頼にも係わるものだからである。

そこで、さまざまな場面で実際に起きた海外旅行に関するクレームと旅行会社の対応をもとに創作したエピソードを綴ることにした。さらに、旅行者、旅行会社のそれぞれの立場から少し距離を置いて、クレーム予防方

法を念頭に入れた辛口コメントを付けた。また、そのクレームとなった事象だけでなく、その背景となったそれぞれの旅行者の姿かたちや旅の動機や目的、さらに海外の観光地、観光スポットで楽しみ、感動している旅の風景も、限られた紙幅のなかではあるが描いてみた。実際に海外パッケージツアーに参加した旅行者の視線で、あるいは同行している添乗員やガイドの視線で、企画造成した旅行会社やそれを販売した旅行会社スタッフの視線で、さまざまな「事件」と向き合ってぜひ一緒に考えてもらいたい。

　本書は、海外旅行に関するクレームの対応に関する法的見解やノウハウを伝える解説本ではない。事例を通し、クレーム自体をなくす、または減少させることを目的とした予防対策本である。クレームを事前に防ごうという旅行会社の思いは、必ず新たなもっともっと魅力のあるパッケージツアーを誕生させるはずだし、必ず顧客がもっと安心して気持ちよく購入する販売シーンを創り出すはずだし、旅行中にマニュアル化されたサービス以上のホスピタリティを生みだすはずである。

　海外旅行に係わる企画造成しているスタッフ、販売しているスタッフ、旅行者を斡旋し同行している国内外のスタッフはもちろん、将来観光の世界を目指して観光を学ぶ大学生・専門学校生、国内でとくにインバウンドに係わる観光サービスを提供している人々にも気軽に読んでいただき、一緒に考えていただけたら幸いである。

　本書は、旅行業界出身であり西武文理大学教員の先輩でもある共著者の菅生洋先生の旅行クレーム処理に対する深い知識と長年の実践経験により出版にいたったものである。また、法的チェックをお願いし、快く引き受けていただいた法学者である西武文理大学の和知惠一教授に御礼申し上げる。最後に、出版企画段階から編集にいたるまでさまざまな助言をいただいた学芸出版社の前田裕資社長に紙面を借りて改めて感謝いたしたい。

2016年1月

安田亘宏

✈ contents

はじめに　3

第1章　添乗員のトラブル　9

episode 1　上海商城置き去り事件　✈中国　10
episode 2　少なすぎるミネラルウォーター事件　✈ドイツ　14
episode 3　迷子発生観光スキップ事件　✈イタリア　18
episode 4　土産物沢山スーツケース紛失事件　✈フランス　22
episode 5　バス内手帳紛失事件　✈ドイツ　26
episode 6　カーテンボックス落下負傷事件　✈カンボジア　30
　　　　　　column 1　添乗員ってなに？　34

第2章　エアラインのトラブル　35

episode 7　荷物紛失多額身の回り品購入事件　✈シンガポール　36
episode 8　成田空港飛行機乗り遅れ事件　✈成田発イタリア　40
episode 9　同行客Cクラス変更事件　✈台湾　44
episode 10　航空券名前のスペル間違え事件　✈ハワイ　48
episode 11　道路渋滞航空機乗り遅れ事件　✈カナダ　52
episode 12　前泊不要勘違い事件　✈成田発バリ島　56
　　　　　　column 2　パッケージツアーってなに？　60

第3章　ホテルルームのトラブル　　　　　　　　　　　61

- episode 13　デラックスルーム隣室イビキ事件　✈ハワイ　　62
- episode 14　予定どおりのホテルだけど事件　✈シンガポール　66
- episode 15　ニューヨーク三ツ星ホテル事件　✈アメリカ　70
- episode 16　2日連続客室ダブルアサイン事件　✈インドネシア　74
- episode 17　客室の景観相違事件　✈オーストラリア　78
- episode 18　客室タイプ相違1年後発覚事件　✈アメリカ　82
- column 3　お客様相談室ってなに？　86

第4章　ホテルでのトラブル　　　　　　　　　　　87

- episode 19　シュノーケリングできないホテル事件　✈マレーシア　88
- episode 20　ホテル特典表記間違い事件　✈インドネシア　92
- episode 21　子ども用プール工事中事件　✈ハワイ　96
- episode 22　セイフティボックス内現金窃盗事件　✈スペイン　100
- episode 23　ホテル客室暖房機出火事件　✈トルコ　104
- episode 24　偽りのファームステイ事件　✈ニュージーランド　108
- column 4　旅行会社のクレームマネジメントってなに？　112

第5章　現地・手配のトラブル　　　　　　　　　　113

- episode 25　韓国式垢すり内出血事件　✈韓国　114
- episode 26　一度しか着られないシルクワンピース事件　✈香港　118

episode 27　**ソウル偽ガイド事件**　✈韓国　　122

episode 28　**上海トランク破損事件**　✈中国　　126

episode 29　**負傷時緊急連絡先役立たず事件**　✈香港　　130

episode 30　**帰国時緊急連絡先役立たず事件**　✈タイ　　134

episode 31　**ホテル前強盗傷害事件**　✈スペイン　　138

episode 32　**変身写真ツアー事件**　✈台湾　　142

episode 33　**参加者増によるサービス低下事件**　✈イタリア　　146

資料編　150

　　reference 1　標準旅行業約款　150

　　reference 2　不当景品類及び不当表示防止法（景表法）　172

　　reference 3　消費者契約法（一部抜粋）　176

あとがき　181

第 **1** 章

添乗員のトラブル

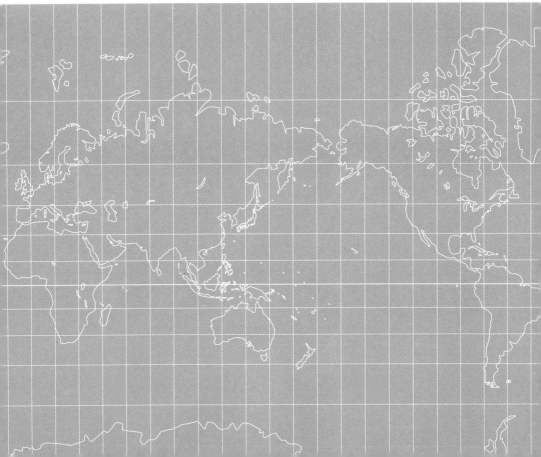

episode 1 　✈ 中国

上海商城置き去り事件

📖 Aさんの旅日記

　私は海外旅行が大好きで、とくに中国は観光・食・ショッピングなどあらゆることを楽しめる近場の旅行先として大好きです。以前に北京を訪れたことがありますが、観光で訪れた世界遺産の故宮や万里の長城などのスケールがあまりにも大きいことに驚くと同時に、食の面でも本場の北京ダックや飲茶、さらには餃子や小籠包などを食べ本当に満足したものでした。そこで、今回は正月休みを利用してX社の「上海・蘇州・桂林5日間」に参加することにしました。上海や蘇州、桂林のそれぞれの都市は首都の北京とはまた異なった魅力がいっぱいありそうなので、このコースを選んだのです。

　出発当日、成田空港の受付カウンターには添乗員さんが待っており、「いらっしゃいませ。A様、お待ちしておりました」と明るい声で出迎えてくれました。誠実そうな方で安心しました。全員で30名のツアーで、添乗員さんの案内に従ってスムーズに出発できました。飛行機はそれなりに快適で、3時間ほどの飛行であっという間に上海に着きました。

　1日目は、快適なバスで玉仏寺や外灘(わいたん)などを観光し、夜は上海料理の夕食後、上海雑技団のショーを見て、最後は車窓から外灘の美しいライトアップされた夜景を楽しむという盛りだくさんの内容で大満足でした。

　2日目はバスで蘇州へと向かいました。蘇州は東洋のベニス、水の都という愛称がぴったりで、運河沿いの明朝時代の古い町並みを散策し、ショッピングも楽しみました。また、蘇州古典園林として世界遺産になっている留園と拙政園も素晴らしいものでした。さらに、中国版ピサの斜塔と呼ばれる霊岩寺塔をバックに記念写真を撮り、その後、除夜の鐘で有名な寒山寺を観光し、最後は蘇州刺繍の制作見学を兼ねたお土産物探しで十分な

時間を使いました。夕食は揚げ桂魚の甘酢ソースがけを中心にした名物料理で、とても充実した一日でした。

　翌3日目は午前中に上海に戻り、再び上海の市内観光でした。まず上海のシンボルである東方明珠テレビ塔に昇り、上海の街を見下ろしました。次に上海を訪れたら必ず行くという人気の観光スポット豫園に向かいました。豫園は、点春堂や三穂堂などの名建築物と多数配置された太湖石などの奇岩が造る中国美とも言える不思議な景観が印象的でした。

　添乗員さんの後をついて、豫園内を観光し戻ってきましたが、隣接する豫園商城は上海の買物天国と呼ばれるほどの大型商店街で、ものすごい数のお土産物屋さんがありました。私はあらかじめ添乗員さんに「買物好きなので私をマークしておいて欲しい」と話し、分かっていただいたと信じていましたので、その安心感からついつい買物に夢中になってしまいました。気がつくとすでに集合時間を30分もオーバーしていました。周りには他の皆さんも添乗員さんの姿も見当たりません。念のため近くを1時間ほど歩き回り探しましたが、やっぱりダメでした。

　やはり置き去りにされたのだと思い、すぐにタクシーを拾って上海空港に向かいました。日程では午後4時30分発の飛行機で桂林に向かうと書いてあったからです。桂林は山水画の世界が広がる景勝地で、ハイライトである漓江下りを楽しみにしていましたので、皆さんと合流できれば豫園での出来事など軽く忘れられるだろうと思い、それほど落胆はしていませんでした。

　しかし、実際の飛行機の出発時刻は午後2時15分発だったのです。飛行機はすでに飛び立っていました。私は思わずチェックインカウンターの前に座り込んでしまいました。そのまま少しの間ぼうっとしていましたが、仕方なく、翌日の最終日に宿泊する上海のホテルに向かい、事情を話して泊めてもらいました。翌日は、どこからの連絡もなく不安を感じながら終日ホテルにいました。一行の皆さんは夜遅く上海のホテルに到着し、ようやく合流し帰国することができました。

旅行会社とのやりとり

　帰国翌日、私は、「X社の添乗員の職務怠慢が原因でとてもひどい目にあった。楽しみにしていた桂林の漓江下りもできず、上海のホテルで一日不安な思いで過ごした慰謝料を支払って欲しい」と抗議しました。X社の担当者は「さっそく事情を調査したうえで、ご連絡させていただきます」と言いました。

　その後しばらくして次のような内容の手紙が届きました。

> 　このたびは弊社の添乗員のいたらなさによりA様にはたいへんなご迷惑をお掛けしましたこと深くお詫び申し上げます。
> 　しかし、添乗員の報告によると、A様を放置したというのはまったくの誤解です。A様から、ショッピングに夢中になってしまう性格なのでマークしておいてくださいと言われたのは確かに事実ですが、添乗員の話では、いつの間にかA様の姿が消えていたとのことでした。
> 　気づいた時点で他のお客様にはバスでお待ちいただき、添乗員とガイドが手分けして約1時間近く探し回ったとのことです。添乗員もガイドもアナウンスをするなどして懸命に探しましたが、なにぶんにも桂林行きの飛行機の出発時間が迫っていたため、やむを得ずバスを出発させたしだいです。
> 　なお、桂林行きの飛行機の出発時間の変更につきましては、第1日目の上海のホテルで参加者の皆様全員にお伝えしております。
> 　大変お気の毒ですが、今回のトラブルについてはA様側の心のゆるみが原因だったのでないかと考えます。したがってA様の要求にお応えするわけにはまいりません。

　Aさんはこの手紙で即座に納得することはできませんでした。その後、X社の営業責任者と添乗員がAさん宅を訪問し、お詫びをした結果、ケースクローズとなりました。

コメント

　今回のトラブルでは、添乗員も現地ガイドも内心相当に焦ったことでしょう。幸いなことにＡさんが一人でタクシーに乗り空港に向かったり、ホテルで事情を説明し泊めてもらうという能動的な行動がとれる人だったため、帰国前日には他のメンバーと合流し無事に帰国することができました。

　もしも本当の行方不明になったとしたら、旅行会社および現地手配旅行会社は警察や大使館などあらゆるところに連絡するなどの対策を講じなければならず、大変な事態に陥ったはずです。その点では大事にいたらず幸いなケースでした。もっともＡさんの手元にある旅行の最終日程表には、緊急時の連絡先が書いてあるはずですから、迷子になった時点でそこにまず連絡すれば、今回の問題は回避できたかもしれません。

　さて、本トラブルの原因は何かというと、やはりＡさんの甘え、不注意によるものだったのではないでしょうか。Ａさんがショッピングに夢中になる性格だという個人的な事情を説明し、添乗員に理解してもらうこと自体は構いませんが、問題が発生した場合にその責任をすべて押し付けるということはいかがなものでしょう。日本人が異文化体験をし、その素晴らしさを真の意味で理解するためには、やはり自己責任の意識が必要です。

　ただ、Ａさんからこのような申し出を受けたときに、添乗員はあいまいな対応をせず、一言、「できるだけ注意を払うようにしますが、添乗員はどうしても団体全体を見守る必要があるため、集合時間等は自分の責任で守るようお願いします」と話しておけばクレームにはならなかったのではないかと思われます。

　また、帰国までの間に、添乗員として、Ａさんにこのたびの事情を理解していただくチャンスがあったのではとも考えます。

　添乗員は参加者に安請け合いは禁物。帰国までに関係修復するのが一番大切！

episode 2　　　　　　　　　　　　　　　　　　　　✈ ドイツ

少なすぎるミネラルウォーター事件

📖 Bさんの旅日記

　私は、もう60歳を超えており、英会話もほとんどできないのですが、海外旅行が大好きです。いつもは飛行機で6〜7時間程度の近距離の国へ出かけており、食事や観光などが全部入っているパッケージツアーを利用しています。遠距離は昔フランスへ行ったことがあるだけです。ところが、妻が久しぶりにヨーロッパへ行ってみたいというので、パンフレットを集め相談した結果、R社の「ドイツ・オーストリアの旅9日間」に行くことに決めました。

　1日目は、飛行機でフランクフルトへ行き、到着後、古城と学生の街ハイデルベルクへ、2日目は、ハイデルベルク城観光後、古城街道をローテンブルクまで走り宿泊します。3日目から4日目にかけては、ロマンチック街道を通り、最大の見どころであるノイシュヴァンシュタイン城や世界遺産になっているロココ様式のヴィース教会などを観光します。

　5日目は国境を越えて、モーツァルト生誕の地であり映画『サウンド・オブ・ミュージック』の舞台になったザルツブルクへ行き、旧市街にあるミラベル宮殿やモーツァルトの生家などの観光です。6日目は世界でもっとも美しい湖畔の街の一つと言われているハルシュタットを観光しウィーンまで走り、7日目はオーストリアの首都でありハプスブルク帝国の都であったウィーンの終日観光です。8日目に帰国の途に就き、9日目の午前中に成田到着です。全行程食事付きで宿泊はそこそこのホテルですが、添乗員も付いている安心のコースでした。

　私たちが気に入ったのは「ミネラルウォータープレゼント」という特典が付いていたことでした。パンフレットにはその説明として、「ヨーロッパでは水道水は飲めません。本コースでは、各都市でお部屋にミネラルウ

ォーターを差し入れます。また毎食事テーブルに1本ミネラルウォーターをご用意します。お買い求めいただく手間が必要ありません」と書いてあったのです。昔のフランス旅行で、飲料水で苦労したことが身に染みていましたので、これは助かると思い、このコースに決めたのです。

　そして出発日を迎え、妻と二人、久しぶりのヨーロッパを楽しもうと張り切って飛行機に乗りました。初日はハイデルベルクのホテルでした。添乗員さんから部屋のカギをもらい、各自部屋に入りました。しばらくして添乗員さんは各部屋を訪ね、「部屋に何か問題はないですか?」と確認しながら、500 mlのミネラルウォーターを1本届けてくれました。2日目からはいよいよドイツとオーストリアの旅行の開始です。予定どおりの素晴らしい観光スポットを満喫しながら旅行は進んでいきました。

　ただ、気になったのはミネラルウォーターの件です。ホテルでは毎日500 mlのミネラルウォーターが1本だけでしたし、昼夕食時のレストランでは私たち夫婦で500 mlのミネラルウォーターが1本、それもときには炭酸ガス入りのものもありました。一度は大きな水差しに入った水道水（たぶん一度沸騰したもの）がでてきたこともあります。とても特典内容と同じとは思えませんでした。

　毎食事に出てくるスープは比較的塩辛いものが多く、日本での食事は健康を考えて薄味でしたので、どうしても水を多く飲みたくなります。とうとう4日目になって私は、「もう少し水を多くもらえませんか?」と添乗員さんにお願いしました。しかし添乗員さんは、「昼夕食時には各自コップで1杯、毎ホテルではお部屋に500 mlのペットボトル1本と決められておりますので、皆様方のツアーだけ特別扱いすることは残念ながらできません」という答えでした。結局私たちは、塩辛いスープはなるべく飲まず、同様に濃い味の食事は少ししか食べないようにしようという自衛策をとるしかありませんでした。

　これ以外の観光面では十分に楽しませていただきましたし、添乗員さんもよくやってくれて一応は満足して帰国しました。

旅行会社とのやりとり

　帰国後、旅の思い出話しをするたびに「ミネラルウォーター」のことが頭をよぎりました。どう考えてもパンフレットに書いてあったことと内容が違うと思い、思い切ってR社にその旨を連絡しました。
　しばらくたってR社は、次のような内容の手紙を送ってきたのです。

> 　B様から頂戴いたしましたご意見につきまして、他の同種のツアーの事情調査や企画担当との話し合いで、回答が遅くなり申し訳ございませんでした。
> 　弊社では、過去のお客様アンケートの内容を企画に反映させ、多少の予算で「お客様に決して贅沢ではありませんが快適な旅を提供します」という考えでこの特典を作り、比較的水の入手が困難なヨーロッパツアーにのみ提供しております。あくまでも補助的なものですので必要最低限の量を割り出し、それを基準にしており、内容的には添乗員がご説明しましたとおりです。
> 　B様のご指摘どおり、パンフレットの記載内容につきましては過度の期待を抱かせる可能性があり、今後検討しなければならないと考えております。また炭酸ガス入りミネラルウォーターにつきましては、現地事情によりそれしか入手できない場合もありますことをご理解いただきたいと存じます。
> 　従いまして、パンフレットの記載につきましては多少の誤解を与えたかもしれませんが、ご説明申し上げましたとおり基準量を提供しておりますので、ご返金につきましては応じかねますことをご理解たまわりたいと思います。

　Bさんは「お買い求めいただく手間が必要ありません」という言葉とはかけ離れていたと思い、納得しませんでした。R社はミネラルウォーターを十分に提供した場合の倍の費用を返金してケースクローズとなりました。

コメント

　「たかが水、されど水」ですね。旅行内容としてはなかなか良い企画だったので残念です。海外旅行中の食事には多少塩辛いスープや味の濃い料理が出されることもあります。R社にしてみればそのような実情を分かっているからこそこのような特典を付けたのかもしれません。ただその基準量が少なかったわけです。

　どうしても水が足りないというのであれば、Bさんはレストランでミネラルウォーターを注文することもできたはずです。言葉の問題も添乗員がいたのですからどうにでもなったはずです。スープを飲まなかったり、食事を残すという方法をどうして選んだのかは理解できません。

　結果として中途半端な内容の特典であれば、かえって付けなかったほうがR社にとっては良かったと思われます。そうでなければどの程度の量を提供するのかパンフレットにもっと具体的に記載すべきだったでしょう。

　今日、水をサービスで提供するのは日本のレストランくらいで、それは水道水がそのまま飲めるからです。しかしどこの国でも水はそのまま飲むことができず、煮沸した水道水でなければ飲めません。それでも水質の違いで日本人には合わない場合もあります。ですから、水のペットボトルが有料なのは海外旅行の常識と言えます。

　添乗員は大変かもしれませんが、バス旅ならば途中のドライブインなどでお客様にミネラルウォーターを多めに買うよう勧めたり、レストランでは追加の注文を代わりにしてあげるなどのことが必要でしょう。たぶん、中途半端な特典が当たり前のサービスをしにくくしていたのでしょう。

　旅行会社のせっかくの気持ちが、パンフレットの記載方法によっては逆にクレームにつながることもあるという事例でした。

予防の一言　小さな特典でも内容をきっちり書くこと。参加者の不便は旅行中に解消するのが添乗員の使命。

episode 3　　　　　　　　　　　　　　　　　　　✈ イタリア

迷子発生観光スキップ事件

📖 Cさんの旅日記

　私たち夫婦は新婚旅行以来まったく海外旅行をしていません。今年は結婚10周年ということもあり、残念ながら子どももいませんでしたので、少し豪華にヨーロッパ旅行をしようと決めました。そこでインターネットやさまざまなパンフレットを見比べて、G社の「イタリア周遊8日間の旅」に参加することにしました。添乗員付きで食事もほとんどついているうえに、数多くの世界遺産を見ることができる点に惹かれたのがこのツアーを選んだ理由です。

　出発当日、成田空港で参加者30名全員が揃ったところで、添乗員さんの案内に従って出国手続き等をすませ、空の旅につきました。飛行機は直行便でしたので、12時間ほどの飛行でローマに着きました。

　2日目からはいよいよ楽しみにしていた観光が始まりました。まず世界遺産のバチカン市国に向かいました。サン・ピエトロ大聖堂ではその大きさに驚かされ、システィーナ礼拝堂ではミケランジェロの「最後の審判」をゆっくりと鑑賞しました。午後はローマ観光でした。コロッセウム、トレビの泉を見学し、スペイン広場ではスペイン階段で記念写真を撮り、サンタ・マリア・イン・コスメディン教会の「真実の口」では、映画のように二人で恐る恐る手を入れました。

　3日目は、世界遺産のナポリ歴史地区とポンペイ遺跡の終日観光でした。4日目は朝ホテルをバスで出発しフィレンツェに向かいました。4時間弱でフィレンツェに到着し、まずウフィッツィ美術館に入り、有名なボッティチェリの「ヴィーナスの誕生」などの作品を鑑賞しました。その後、「花の聖母教会」の名で親しまれているサンタ・マリア・デル・フィオーレ大聖堂（ドゥオモ）を見学し、フィレンツェの街を満喫しました。

5日目はバスでピサに向かい、世界遺産ピサ市内観光から始まりました。ピサの斜塔では塔を下から支えるポーズで記念写真を撮りました。その後、バスでミラノに向かい、サンタ・マリア・デレ・グラツィエ教会でレオナルド・ダ・ヴィンチの傑作「最後の晩餐」を鑑賞し、ミラノの街の散策を楽しみました。

　旅は順調に進み後半の6日目になりました。バスで世界遺産であるベローナの街を経由し、その後ベネチアに向かうことになっていました。ベローナではシェークスピアのロミオとジュリエットの舞台となったジュリエットの家やローマ時代の円形闘技場アレーナなどを見学していたのですが、途中で70歳前後と思われるZさん夫婦が行方不明になったのです。

　添乗員さんはベネチアに事務所がある現地旅行会社に電話し事情を話すとともに、私たち全員で方々を探し回ったのですが、結局見つからず、予定より約2時間遅れでベネチアに向かいました。

　そのため当初予定していた世界遺産であるドゥカーレ宮殿に入って見学することが時間的に無理になってしまいました。仕方なくもう一つの観光スポットであるサンマルコ大聖堂に行きました。内部のモザイクガラスはなかなか見ごたえのあるものでした。大聖堂の前はサンマルコ広場になっていますが、そこで偶然にもZさん夫婦を見つけたのです。

　Zさんから話を聞いたところ、ベローナの街ではぐれてしまったが、奥さんが英語を話すことができたので、ツアーの次の訪問地であるベネチアに先回りしておけばよいと考え、列車でベネチアに向かい、サンマルコ大聖堂を見学してから宿泊予定のホテルに行こうとしていたとのことでした。

　Zさん夫婦は添乗員さんや私たち参加者全員に再会した時点で、丁重にお詫びの言葉を述べました。高齢のZさん夫婦を除くと、今回の参加者は私たちを含め皆40代以下のメンバーだったこともあり、Zさん夫婦の身勝手とも思える行動に対し、表立って批判することは誰もしませんでした。結局、Zさん夫婦が無事何事もなかったこともあり、ツアー自体は特別ぎくしゃくすることもなく終了しました。

旅行会社とのやりとり

　帰国後、私はG社に、「Zさん夫婦が迷子になったため、ドゥカーレ宮殿に入って見学できなかったのは添乗員の責任で、旅程保証に該当し、参加者全員に変更補償金を支払うべきではないでしょうか」と質問状を送りました。1週間ほどしてG社からは次のような内容の回答が届きました。

> 　このたびのC様からのお申出内容について調査しましたところ、事実関係におきましてはまったくC様の仰るとおりでございます。ベローナの街では、現地ガイドなしで添乗員が皆様を案内することになっておりましたので、Z様ご夫妻が迷子になったとき、現地ガイドに任せてベネチアに向かうこともできず、皆様にご協力いただいて2時間弱探したようです。
> 　その結果、ドゥカーレ宮殿観光ができなくなり、C様をはじめ本ツアー参加の皆様方には大変なご迷惑をお掛けしましたこと深くお詫び申し上げます。しかし、添乗員は気を利かせて、サンマルコ広場で全員にコーヒーとケーキをご提供申し上げたとの報告が入っております。この費用につきましては、Z様ご夫妻から負担の申し出がありましたが、弊社で負担させていただきました。
> 　なお、ドゥカーレ宮殿の入場券代につきましては当然ご返金させていただきますが、入場観光ができなかった原因はZ様ご夫妻の迷子という不測の事態が生じたためであり、「旅行参加者の生命または身体の安全確保のため必要な措置」という免責事由に該当しますので、変更補償金の支払いは不要だと考えております。

　Cさんはドゥカーレ宮殿を本当に楽しみにしていたので、入場券代の返金だけでは納得できず、多少の慰謝料を払って欲しいと強く要望し続けました。その後、G社はCさんに対しドゥカーレ宮殿入場券代を返金しケースクローズとなりました。

コメント

　Ｚさん夫妻が迷子になってからの添乗員の対応としては、一応は問題がありません。また、Ｇ社の旅程保証に関する考え方もそのとおりです。Ｚさん夫妻が見つかってから、Ｇ社負担で全員にコーヒーとケーキを提供したことは、添乗員の参加者の気持ちを和らげる心配りだったと思います。

　では、ドゥカーレ宮殿観光ができなかったことに対するＣさんの思いはどうなのでしょうか。気軽に何度もヨーロッパ旅行をできる人はやはり限られており、そういう点から察すると、簡単に再訪できないのならば相応の慰謝料が欲しいというＣさんの気持ちも分かります。ではＣさんはどうすればよいのかとなると、どうしても慰謝料が欲しければＺさん夫妻に請求するしかありません。

　しかし、人間の心情を考えるとそれもむずかしいのではないでしょうか。迷子になったＺさん夫妻を一生懸命探し、結果として無事見つかったときは皆ほっとしたはずですし、Ｚさん夫妻が丁重に詫びたことですべて良しとする、そんな、人間としての思いやりを持って、素直に慰謝料請求をあきらめるというのが良識のある対処法と言えるのではないでしょうか。

　また、このような万一のときの連絡先として、添乗員の携帯電話番号を知らせておくことも重要な予防策でしょう。ところで、本ケースではＺさん夫妻が皆とうまく合流できたからよいものの、万一行方不明になったままだったら、どうなったのでしょうか。ベローナでＺさん夫妻が行方不明になった時点で、添乗員自身、もしも時間がなければベネチアの現地旅行会社からベローナの警察に届けを出し、見つかった場合の保護および連絡をもらえるよう依頼する必要があります。ここまでしておけば、添乗員として最善の処置であると言えます。

 予防の一言　旅行中、迷子は絶対に出さないこと。とはいえ、すべては防げないのも事実。その後の対応を迅速に、そして心配り。

episode 4　　　　　　　　　　　　　　　　　　✈ フランス

土産物沢山スーツケース紛失事件

📖 Dさんの旅日記

　私は定年退職の記念に妻と念願のヨーロッパ旅行をすることに決めました。もちろん妻は大喜びでした。初めてのヨーロッパということで、どこにしようかと考えた末、定番のロンドンとパリに行くことにして、K社の「モン・サン・ミッシェル島内に宿泊、ロンドン・パリ7日間」に行くことに決めました。

　日本人が見たい世界遺産ベスト3に選ばれたというモン・サン・ミッシェルで宿泊すること、添乗員付きで安心なこと、食事もほとんど付いていること、往復とも直行便なので移動時間が短いことなどがこのコースを選んだ理由です。

　出発当日は成田空港午前9時の集合で、私たちは10分前に到着したのですが、すでに参加者の大半が集合しておりました。妻はちょっと遅かったのかなと気になり、「遅くなりすみません」と謝ったところ、同行の添乗員さんから、「まだ集合時間前ですから大丈夫ですよ」と優しく声をかけられました。こんな添乗員さんだと本当に安心だなと思い、楽しく成田を出発できました。

　約12時間のフライトでロンドンへ。翌2日目は終日ロンドン市内観光でした。大英博物館を堪能し、バッキンガム宮殿の衛兵交代式、国会議事堂とビッグ・ベン、ウエストミンスター寺院、ロンドン塔などの世界遺産を見学しました。3日目は、ロンドン郊外にある世界遺産であるストーンヘンジの観光からスタートしました。午後は、人々が自然に溶け込んでのどかに暮らしているコッツウォルズを観光しました。

　4日目は、早朝便でパリへ行き到着後バスに乗り換えモン・サン・ミッシェルまでの長旅でした。夕刻には島内のホテルに到着しました。夜は対

岸のレストランで名物のオムレツを前菜とした料理でとても美味しく、その後ホテルへ戻る途中のベストスポットで素晴らしいライトアップを写真に撮ることができました。5日目は、モン・サン・ミッシェルを十分に満喫し、バスにてパリへ向かいました。

6日目は、パリでノートルダム寺院やサント・シャペルなどを観光し、午後はシャンゼリゼ通りに行きショッピングをしたりオープン・カフェでのゆったりとしたひとときを過ごすなどで楽しむことができました。

7日目はいよいよ帰国する日となり、妻の最後のショッピングにつきあい、ホテルで荷物整理をしたのですが、思った以上に購入したお土産が多く、必死になってスーツケースに詰め込んでいる内に集合時間の10分前になっていました。部屋を出た際、ちょうど廊下にいたポーターにスーツケース2個を渡し、私たちはあわててロビーに向かいました。

ロビーに着くと、すでに他の参加者たちはチェックアウトをすませ、正面玄関前に並べられた荷物の傍に集まっていました。私たちは添乗員さんに手伝ってもらい急いでチェックアウトをすませ、正面玄関に戻った時には、荷物はバスに積み込まれた後でした。

添乗員さんは、バスのドライバーに積み込んだ荷物の個数を確認し、さらに参加者全員に向かって、「各自自分の荷物がバスに積み込まれたのを確認しましたか？」と尋ねました。私と妻を除く全員が「はい」と答えていましたが、私たちのせいでホテル出発が遅れてしまったので、その気まずさから、とても荷物を確認したいと言い出すことができませんでした。

ところが、シャルル・ド・ゴール空港に到着してバスから荷物を出してみると、妻のスーツケースが積まれていなかったのです。すぐに添乗員さんはホテルに連絡し確認したのですが、ホテルでもスーツケースは見つかりませんでした。

結局、時間がないのでこれ以上は添乗員さんと現地旅行会社に任せることにして、私たちは空港カウンターで搭乗手続きをし、悔しい気持ちのまま帰国したのです。

旅行会社とのやりとり

　帰国して1カ月ほどたっても妻のスーツケースは見つかりませんでした。私はK社を訪問し、妻のスースケースの紛失は添乗員さんがバスに積み込まれた荷物を確認するのを怠ったことが原因であり、中身は土産物など50万円相当になるのでそれを全額補償して欲しいと依頼しました。

　しばらくたってK社から、次のような回答の手紙が送られてきました。

> 　今回のご旅行で荷物が紛失されたこと、誠にお気の毒に思います。ただ、添乗員によると、荷物の個数については、添乗員自身ロビーで確認した数が18個、バスドライバーが積み込んだ数も18個と確認しており、さらに、お客様にも自身の荷物がバスに積み込まれたことを確認したかどうかお聞きしております。
> 　D様は集合に遅れたため確認する時間がなかったと仰っていますが、添乗員の指示に従っていれば、スーツケースの紛失は防げたと思われます。また、D様は荷物の個数を確認しなかったのは添乗員のミスだと仰っていますが、空港でD様の奥様から、「確認しなかった自分も悪い」と言われたと聞いております。さらに、荷物の紛失が発覚した際、D様ご夫妻からスーツケースの中身は総額で10万円ほどだと言われていたということも添乗員からの報告にあがっております。それがどうして50万円という金額に膨らんでいるのか不思議でなりません。
> 　スーツケースが紛失した原因は不明ですが、紛失から1カ月以上経っており今後見つかる可能性は低いと思われますので、弊社としては損害賠償金の最高限度額である15万円とお見舞金として3万円をお支払いしたいと考えております。

　その後1カ月ほどやり取りが続きましたが、K社は再考の余地はない旨伝えたため、Dさんがしぶしぶ納得してケースクローズとなりました。

コメント

　日本人は往々にして、自分が少しでも負い目を感じている状態になると、ついつい遠慮するという態度をとりがちです。ただ、臆せず添乗員の指示に従って荷物を確認していれば、このような問題は発生しなかったと言えます。

　また、Ｄさんのように荷物が紛失すると、ついつい損害額を多めに言う人がときどき見受けられます。旅行を十分に楽しみ、さあ帰るとなった時にこのような不愉快な問題が発生したからかもしれませんが。

　本ケースの場合、ポーターが荷物をロビーに運び忘れたのか、添乗員あるいはドライバーのカウントミスがあったのか、それとも誰かがＤさんの奥さんのスーツケースを盗んだのか、原因はまったく不明です。ただいずれにしても、添乗員はＤさんのチェックアウトを手伝っていて荷物の積み込みに立ち会っていませんので、添乗員にミスがなかったとは言えない状態です。したがって、Ｋ社が約款に基づき荷物に関する損害賠償限度額の15万円を支払うのは致し方ないことでしょう。

　ちなみに、荷物に関する損害賠償額は、企画旅行会社側に故意または重大な過失があった場合は15万円という限度額はなくなり、Ｋ社は認定された被害額を支払わなければなりません。ただしその場合、被害額が50万円であるという立証をＤさんがしなくてはなりません。Ｋ社に対し多めに主張しても自ら立証し認定されなければ意味がありません。

　本件では添乗員がＤさん夫妻を含む全員に、荷物の積み込みに関し各自確認したかと尋ねていますので、重大な過失があったとは言えないのではないでしょうか。そうだとすると、Ｋ社としては15万円の支払いで十分なことになり、お見舞金の３万円は不要だったと思われます。

　荷物の個数確認は参加者の人数確認と同じ、どんなときにもきっちり確認。

episode 5　　　　　　　　　　　　　　　　　　　✈ドイツ

バス内手帳紛失事件

📖 Eさんの旅日記

　私と妻の共通の趣味は海外旅行で世界遺産を見ることです。とくにヨーロッパの雰囲気が大好きで、そのなかでも世界遺産の数が圧倒的に多いイタリアやスペインにはそれぞれ2度ずつ行きました。今年はどこにしようかと妻と二人でさまざまなパンフレットを見て検討した結果、Z社の「ロマンチック街道とスイスアルプス・パリ8日間」に行くことに決めました。

　今までとは少し異なり、世界遺産の数は四つと少ないのですが、有名なロマンチック街道をバスで走りノイシュヴァンシュタイン城が見られることや、パリのルーブル美術館を見学するなど、申し分のない旅行内容だと思い、参加を決めたしだいです。

　初日は直行便でフランクフルトへ行き、到着後はホテルに向かいました。2日目は、ホテルをバスで出発しリューデスハイムまで行き、ライン川クルーズで船から見えるさまざまな古城を十分に楽しみました。その後再びバスに乗りローテンブルクに向かい、到着後は旧市街を散策しました。聖血祭壇が有名なゴシック建築様式の聖ヤコブ教会、マルクト広場にある市庁舎や市議宴会館の仕掛け時計、有名な撮影スポットであるプレーンラインなどまさにメルヘンの街そのものでした。

　その後ホテルにチェックインしました。その日はホテル内レストランで夕食となっていましたが、夕食の席上、添乗員さんから、「バスは車庫に帰りました。明日は別のバスが来ます」と説明がありました。私はバス内に手帳を置いたままにしていたことを添乗員さんに話し、直ぐに取り戻してくれるようお願いしました。実は、ドイツ内は同じバスで移動すると出発前に聞いていたため、安心してバス内に手帳を置いておいたのです。

　3日目はミュンヘンへ行き、旧市街の中心部にあるマリエン広場とその

正面にある新ゴシック様式の新市庁舎などを観光した後、ホテルに入りました。ホテルで、添乗員さんから、「電話で連絡し探してもらったのですが、残念ながら手帳は見つかりませんでした」との報告を受けました。

　手帳には、ヨーロッパ旅行に必要なさまざまなメモや私と妻のクレジットカードの内容、そしてパスポートのコピーも貼り付けていましたので、悪用されたら大変なことになると心配せずにはおられませんでした。

　4日目は、バスで約2時間走りホーエンシュバンガウに到着後ヴィース教会やノイシュヴァンシュタイン城を見学しました。その後、再びバスで約5時間、スイスのインターラーケンまで走り、そこで宿泊となりました。そこのホテルは驚いたことに窓もなく、天井は屋根の傾斜そのままのいわゆる屋根裏部屋でしたが、1泊だけでしたので我慢しました。

　5日目はグリンデルワルト駅から登山電車に乗り、アイガー北壁の中を抜け、ヨーロッパ最高地点の鉄道駅、ユングフラウヨッホ駅に着きました。エレベーターで展望台に上がり、ユングフラウ、メンヒ、アレッチ氷河が一望でき、その絶景にはまさに感動させられました。その後電車とバスでジュネーブに向かい、そこから高速列車TGVに乗ってパリに入りました。

　パリのホテルはパンフレットにはXホテル指定と書いてあったのですが、最終日程表に書いてあったとおりのYホテルでした。私が調べた限りではほんの少しランクが低いような気がしたのですが、とくに問題にするほどひどいものではありませんでした。

　6日目はパリ市内観光でした。ノートルダム寺院、ステンドグラスが美しいサント・シャペル、シャイヨー宮、エッフェル塔など、どれも見ごたえのあるものでした。また、ルーブル美術館では素晴らしい絵画の数々を鑑賞しました。そして7日目は出発まで自由行動でしたので、のんびりと荷物の整理をし、夜行便で帰国の途に就きました。

　全体としてすばらしい内容だったと思いますが、例の手帳のことが最後まで頭に残り、気持ちのうえでは十分に満足することができず、それが返す返すも残念でした。

旅行会社とのやりとり

　帰国後、手帳の件でＺ社を訪問しました。そして、添乗員が言ったのでバス内に置いていたこと、クレジットカードに関して被害が出た場合は全責任を取って欲しいこと、ついでに、パリのホテル変更の件やインターラーケンのホテルについての見解も教えて欲しいとお願いしました。

　しばらくたってＺ社から、次のような回答の手紙が送られてきました。

> 　今回のご旅行に関しご説明させていただきます。まず、パリのホテルの件につきましては、パンフレットの記載ミスがあり、Ｅ様がご予約された際に確認をさせていただいております。お泊りになられたＹホテルとＸホテルは同等クラスのホテルであり、弊社のツアーで長年利用しているホテルで、今まで特段のクレームもなく、遜色のないものと判断しております。
> 　次に手帳の件ですが、同行した添乗員が、「貴重品や大切なお荷物以外はバス内に残しても構いません」とご案内したことは事実でございます。バスが突然故障するという不測の事態が発生し、バスを交換しました。したがって手帳の実費をお支払いさせていただきたいと考えております。Ｅ様はクレジットカードに関する被害をご心配されておりますが、帰国後ただちにカード会社に連絡し新しいカードに変更されており、また現在損害が発生しておりません。損害が発生した場合の責任確約につきましては、お断りさせていただきます。
> 　ただ、インターラーケンのホテルにつきましては、誠に申し訳なく深くお詫び申し上げます。つきましては、手帳の実費として200円、インターラーケンのホテルに関するご返金として1万円、合計1万200円をお支払いさせていただきたく、何卒よろしくお願い申し上げます。

　その後１カ月ほど双方でのやり取りが続きましたが、Ｚ社が、解決金として１万５千円を支払うことで、ケースクローズとなりました。

コメント

　Eさんの手帳に対する思い入れが普通以上に強かったことと、この問題が発生した後にパリのホテル、インターラーケンのホテルの問題があったことなどが重なって、クレーム対応がいささか長引いたのでしょう。本来であればそれほど大きなクレームになる事案とは思えません。

　唯一問題となるのは、添乗員の対応でしょうか。いくらドイツ内は同じバスだからと言っても、夜はバス内が無人になるわけですから、念のためバス内には一切物を置いておかず、ホテルの部屋に持っていくよう案内するべきでした。

　もっともEさんにも問題があります。手帳にはクレジットカードの内容やパスポートのコピーを貼り付けていたとすれば、それは貴重品です。そんな大切な手帳をなぜバス内に残しておくようなことをしたのか理解できません。

　パリのホテルに関しては予約の際にパンフレット記載のホテルと違うことを確認しているようなので問題はないでしょう。

　ただ、インターラーケンのホテルの部屋については問題です。添乗員が付いているのですから、ホテルの部屋周りをして確認しているはずですし、少なくとも、お部屋に何か問題がありましたらすぐに連絡してくださいと案内はするはずです。その基本動作ができていれば、いくらでも他の普通の部屋に変更できたはずですし、満室状態であれば違う形でフォローができたはずです。

　最終的にツアーを盛り上げ参加者全員に満足してもらうよう努力するのが添乗員としての役目です。気配りも何もしないのであれば添乗員を同行させる意味がありません。

予防の一言　添乗員は正確な案内、部屋周りなど基本中の基本動作を確実に励行。

episode 6　　　　　　　　　　　　　　　　　　✈ カンボジア

カーテンボックス落下負傷事件

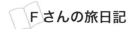さんの旅日記

　私は医者という職業柄、連続して休みを取れるのはゴールデンウィークや年末年始、つまり国民の祝日だけです。そのため、長い休暇はストレス解消を兼ねて、できるだけ海外旅行をするようにしています。今年の正月は、一度は見てみたいと常日頃思っていたアンコールワットに行くことに決めました。妻と相談し、P社の「ビジネスクラスで行くベトナム・カンボジア2カ国周遊6日間」というコースに申し込むことにしました。

　パンフレットによれば、ホーチミンで自由行動があり妻のショッピング時間も取れそうですし、全体的にはゆったりとした日程のツアーに感じられました。

　出発当日は成田空港に向かい、添乗員さんの案内のもと、ベトナム航空でホーチミンに飛び立ちました。ビジネスクラスのお陰で快適な空の旅を楽しむことができました。

　1日目、2日目はホーチミンで市内観光、ベトナム料理、街歩き、ショッピングを充分に楽しみました。3日目の夕刻、カンボジアのシェムリアップへの飛行機に乗り込みました。1時間半程度の飛行でシェムリアップ国際空港に到着し、入国後出迎えのガイドさんに会い、まっすぐホテルに向かい、ホテルのレストランで夕食を楽しみました。

　食事が終わって添乗員さんから部屋のキーをもらい、部屋へ行きました。軽くお酒を飲みながら妻と語らい、気づいたら24時を過ぎていました。そろそろ寝ようかと思い、窓のカーテンを閉めようとしたら、突然カーテンボックスが落ちてきて、私は指に軽いケガをしたのです。大事にいたるほどのケガではなかったのですが、直ぐに添乗員さんの部屋に電話をし、「バンドエイドを持っていたらいただきたい」とお願いしました。ところが

そのときの添乗員さんの返事は「ありません」の一言だったのです。添乗員さんはその後30分ほどして私の部屋に来ましたが、たいしたことはないと判断したのか、直ぐに自分の部屋に戻って行ってしまいました。

翌4日目から、いよいよ待ちに待った世界遺産のアンコール遺跡群観光が始まりました。まず、アンコール王朝時代のアンコール・トムの観光、それから昼食後、アンコールワットに行きました。夕日が沈む情景を見てから、夕食のレストランに向かいました。ホテルに戻り部屋に入ると、落ちていたカーテンボックスはきれいに片づけられてなくなっていました。

5日目の早朝4時ごろ、ホテルを出発しアンコールワットに朝陽が昇ってくる様子を鑑賞しました。本当に一生忘れられないほどすばらしい光景で、思わず写真をいっぱい撮ってしまいました。ホテルに戻り朝食後、再びアンコールワットの観光に向かいました。息を飲むほど感激する歴史遺産の数々でした。そして、空港へ向かい帰途に就きました。

旅行自体は非常に楽しく満足のゆくものでした。ただ、3日目の夜のカーテンボックスの一件以来、添乗員さんが何となく私たちを避けているような感じで、その後の観光の際も私たちが何か質問したくてもできないようにいつも私たちから離れたところにいるという態度でした。あんな添乗員さんなら最初から付いてきてもらわないほうがもっと楽しい旅になったのにと思われたことが残念でした。

カンボジア・シェムリアップのアンコールワット　（筆者撮影）

旅行会社とのやりとり

　帰国翌日、私はP社にこのことを一言伝えたいと思い、3日目のカーテンボックス落下のいきさつやそのときの添乗員さんの対応、その後の添乗員さんの冷たい態度について、電話を入れました。

　それに対してP社は、「弊社のツアーにせっかくご参加いただいたにもかかわらずご不快な思いをさせ申し訳ございません。事情をよく調査したうえで改めて書面にて回答させていただきます」と返答してきました。

　それから数日後、P社より次のような手紙が届きました。

> 　F様には、このたびのご旅行で大変ご不快な思いをさせまして、誠に申し訳ございませんでした。
> 　添乗員に事情調査したところ、F様からお電話をいただいたときはちょうど寝入りばなで、半分寝ぼけた状態で、聞かれたことについてただそのまま答えたということでした。しばらくしてよく考えると、カーテンボックスが落ちてきたということは大変なことだと思い、あわてて着替えをしてF様のお部屋に伺い、詳しく様子を聞いたところ、幸いほんのかすり傷のようでした。F様がお医者様でもあり、安心して自分の部屋に戻ったということでした。
> 　また、その日以降は他のお客様と同様に普通の御対応をさせていただいたということですが、それがF様には冷たいと取られてしまったように思われます。
> 　いずれにしましてもF様には大変不愉快な思いをさせましたことのお詫びとしまして、シェムリアップのホテル代金相当額をご返金させていただきたいと思います。

　FさんはP社の丁寧な対応とその申し出に納得し、ケースクローズとなりました。

コメント

　カーテンボックスが落ちてきたら、場合によっては大変なケガになりますので、Fさんのケガが軽くて本当に良かったと思います。この程度のケガでも本人から何らかの申し出があった場合にお手伝いするのが添乗員の役割です。寝ぼけて返事したことはともかく、その後実際にFさんの部屋まで様子を見に行き事情を確認した際には、Fさんからとくに申し出がなかったようですので、添乗員として間違った行動をしたということはありません。

　本ケースでは、その後の対応が問題になったのです。ホスピタリティ精神を十分に持って、目配り、気配り、心配りができるのが良い添乗員です。たぶん、添乗員はFさんがお医者様なので、ケガのその後などを尋ねるのが憚られたのではないでしょうか。お客様がお医者様でなかったら、軽いケガとはいってもケガしたことには変わりないのですから、朝晩の挨拶のときなどに、「指のおケガはいかがですか」と時々声をかけていたでしょう。それさえしていれば、今回のようなクレームにはならなかったと考えます。

　また、そもそもカーテンボックスの落下の原因の調査も、ホテル側に依頼し、その結果をFさんに伝えるべきでしたし、その内容によっては部屋の交換なども提案すべきだったとも思えます。

　添乗員の仕事は非常にハードなもので本当に大変だと思います。しかし、旅行中はパッケージツアーという商品を完成させる役割をたった一人で担っているのです。お客様の一人ひとりの想いに対し、満足感をより高めるために添乗員は存在しているのだと思って、頑張るしかないということではないでしょうか。

予防の一言　添乗員は目配り、気配り、心配り、参加者全員一人ひとりの満足をつくる人、という自覚を持って行動する。

column 1
添乗員ってなに？

　添乗員とは、旅行会社のパッケージツアーや団体旅行に同行し、ツアーが計画通りに安全かつ円滑に実施されるように関係機関との調整や対応を行って旅程管理をする業務を行う者である。ツアーコンダクター、ツアーエスコート、ツアーリーダーなどとも呼ばれる。なお、添乗員には「旅程管理主任者資格」が必要である。

　我が国の観光の発展において団体旅行やパッケージツアーの添乗員が果たしてきた役割は極めて大きい。個人旅行志向が高まり添乗員付きツアーは減っているが、高品質な旅行をつくるために添乗員を重視する傾向も高まっている。

　添乗員は旅行商品であるパッケージツアーや団体旅行の良し悪しを決定づける極めて重い使命を担っている。旅行会社の社員が自分の担当した旅行の添乗をすることもあるが、近年パッケージツアーなどの多くは添乗員派遣会社から派遣された「プロ添」と呼ばれる添乗業務に特化した専門の添乗員が担う。なかには、多くの旅行者から毎回指名を受け高いパフォーマンスを示す「カリスマ添乗員」もいる。この傾向が旅行会社社員の業務知識やお客様対応力を低下させているという声も聞かれている。

　添乗業務は、主に団体のお客様に同行し、ツアーが安全かつ円滑に運行されるようスケジュール管理をすることである。また、旅行中の病気や思わぬトラブルへの対応も求められるため、臨機応変な行動力と判断力、また海外ツアーの場合は語学力も必要となる。旅行中においてはたった一人の「旅行会社の責任者」の存在となる。旅行商品の評価、旅の印象は添乗員によって大きく変わる。添乗員は「旅の演出家」でもある。

第2章
エアラインのトラブル

episode 7 ･･ ✈ シンガポール

荷物紛失多額身の回り品購入事件

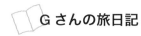 Gさんの旅日記

　7月の3連休を利用して、夫と二人でシンガポールに行くことにしました。テレビのコマーシャルで見たあのマリーナ・ベイ・サンズに泊まり、空に浮かんでいるような屋上プールでのんびりしたいと思ったからです。

　そこで、さまざまなパンフレットを見比べて、I社の「マリーナ・ベイ・サンズに泊まるシンガポール4日間」に決めました。プレミアルーム2連泊、行きは夜行便の便利な羽田発なので会社を休まなくてもOK、しかもマレーシア領ジョホールバールの観光がついても同料金という点に惹かれて決めたのです。

　出発当日は夜9時集合でしたので、夫は会社からまっすぐ来てもらい、私は二人分の荷物を入れたスーツケース1個を持って羽田空港に行きました。人気のツアーだけあって、この日は総勢36名の参加者でした。何事もなく出発し、約8時間のフライト時間は到着後の観光に備えてぐっすりと眠りました。

　早朝にシンガポールに到着し、入国手続きを終え、預けたスーツケースを取りにターンテーブルに行きました。そこで問題が発生したのです。私たちのスーツケースは待っても待っても出てきませんでした。ターンテーブルは無情にもとうとう止まってしまいました。仕方がないので税関を通り、待っていたI社の現地ガイドさんに、スーツケースが出てこなかったことを告げ、航空会社の係員に調べてもらいました。その結果、私のスーツケースは乗ってきた飛行機に積まれていなかったことが判明しました。

　スーツケースがないという不安と、どうして私たちだけという心のわだかまりを感じつつも、取りあえず私たちはバスに乗り、シンガポールの市内観光に出発しました。チャイナタウンやシンガポールのシンボルとして

有名なマーライオン像があるマーライオン公園、コロニアル風の最高級ホテルのラッフルズホテルなどを見学・散策しました。シンガポールという街は予想どおりに、清潔感あふれる魅力的なところだと感じました。

昼食後お土産店に立ち寄ってから、今回最大の目的である高級リゾートホテル「マリーナ・ベイ・サンズ」にチェックインしました。ここは予想以上の素敵なホテルで、早く部屋に入り、あの有名な屋上のプールから息をのむような絶景を眺めてみたいと期待が盛り上がりました。

ホテルのチェックインの際、I社の現地ガイドさんから、「取りあえず今日必要と思われる物を常識の範囲で購入してください。費用は弊社が負担します」と言われたので、私たちはさっそくその日に必要と思われる身の回り品を買いに行きました。

夜になって、ガイドさんから連絡があり、スーツケースがなんとタイのバンコクにあること、ホテルに届くのは明日の夜になることが分かりました。ということは日本に帰る前日の夜ということです。それでは、着替えや夕食のときの洋服、プールでの水着なども必要になります。結局二人で必要な物を3日目の午前中に追加で購入しました。その総額は約14万円になりました。

必要な洋服などを購入できたので、気持ちよくシンガポールの街歩きにも出かけられ、あらかじめ決めていたちょっと豪華なレストランへディナーを楽しみに行くこともできました、もちろん、購入した水着で憧れのプールでの開放的で素晴らしい眺望を楽しみ、心が癒されました。

3日目の夜、ガイドさんがホテルにスーツケースを届けてくれ、ホッとしました。その際に、2日間で使った費用の領収書を渡したところ、ガイドさんはその金額に驚いた様子で、「帰国後、I社より支払うことになります」とだけ説明してくれました。そして、4日目、予定の飛行機で羽田に到着しました。

帰国後、数日たってI社からの銀行振り込みがありました。しかし、それは5万円だけでした。

旅行会社とのやりとり

　私はＩ社に抗議の電話をかけました。しかし、「2日間で14万円は常識の範囲を逸脱しているので支払うことはできません」と言われたのです。洋服の点数が多すぎると言っていますが、私たちは必要がない物や高価な物は購入していません。残る9万円を戻して欲しいと強く抗議しました。

　それから1週間ほどしてＩ社から次のような手紙が届きました。

> 　このたびは荷物紛失によって大変ご不便な思いをお掛けし申し訳ございません。ただ追加の9万円をお支払いすることは致しかねるというのが弊社の結論です。
>
> 　ツアー参加者の荷物がこのような形で一時的に紛失した場合、弊社としては当座必要な物を買っていただき、その費用を負担しておりますが、それはあくまでも「常識の範囲内」の金額です。弊社の場合、荷物1個につき1日5000円程度が常識の範囲だと考えております。同業他社も同様です。弊社としては今回のケースはＧ様に1万円をお支払いすればよいことになります。また、Ｇ様の場合は今回ご利用された航空会社の方から50ドル支払われております。
>
> 　ただ今回のケースでは、現地ガイドがＧ様ご夫妻に「常識の範囲内とは1日当たり5000円程度です」と明確に説明しておりませんでしたので、その反省点を踏まえて、1万円のお支払いのところを4万円も多くお支払いしたしだいです。
>
> 　どうかこれらの事情をご賢察のうえ、5万円のお支払いでご納得いただきたいと思います。

　Ｇさんはこの手紙には納得できず、その後も9万円の請求を続けました。その再三の要求に対し、Ｉ社は拒否し続けました。結局Ｇさんが要求を諦めるまで3カ月ほどかかって、ケースクローズとなりました。

コメント

　スーツケースが一時紛失という不運に遭い、そのままではマリーナ・ベイ・サンズで豪華に楽しく過ごすという旅行目的を達成することができなくなるので、相当な買物をする必要があった、というGさんの気持ちはとても理解できます。

　そこで問題になるのが「常識の範囲」という言葉の意味です。確かに常識の範囲内の金額は人によって差は出てくると思いますが、Gさんの要求がこれだけ高いとやはり気になります。たぶん、今回の一人分のツアー代金に匹敵する金額ではないでしょうか。

　そもそも荷物の一時紛失の責任がどこにあるかというと、それは旅行会社ではなく利用した航空会社にあります。航空会社は国際航空運送約款に基づき、受託手荷物が紛失した場合の責任限度額の範囲内で支払うことになります。責任限度額は適用される条約によって異なりますが、一番高いモントリオール条約の場合でも、旅客一人当たり約16万円です。

　ただしこの責任限度額は、あくまでも紛失して発見できなかった場合の補償額で、今回のケースのような一時紛失については約款に規定がなく、各航空会社の内部規定によって決まります。一般的には荷物1個当たり1日25米ドル相当額になっているのが現状です。

　I社は、企画旅行会社の道義的責任として、荷物1個につき1日5000円を支払うことにしているのでしょう。それは旅行会社のサービスです。

　しかし、無用なトラブル防止という観点からすれば、このような道義的責任についてもパンフレットに明確に記載しておくべきでしょう。そうすれば、仮に現地ガイドさんが詳しく説明しなくても本ケースのようなトラブルは発生しなかったかもしれません。

予防の一言　細かいことでもちゃんと記載、しっかりと説明。

episode 8　　　　　　　　　　　　　　　　　　　　✈ 成田発イタリア

成田空港飛行機乗り遅れ事件

📖 Hさんの旅日記

　私は海外旅行が唯一の趣味で、毎年少なくても2回は旅行しています。そうは言ってもごく普通の会社勤めですので、2回のうち1回は近距離海外旅行で、せいぜい週末の休みを利用した4日間程度です。もう1回は夏休みを利用して8〜10日間でヨーロッパまたはアメリカに出かけています。そして今回はG社の添乗員付きの「イタリア大周遊10日間の旅」に申し込みました。

　ミラノ、フィレンツェ、アマルフィ海岸、アルベロベッロ、ナポリ、ポンペイ、そしてローマと周遊するツアーです。往復直行便利用、世界遺産を11カ所見学、ホテルはスーペリアクラスで朝食は全部アメリカンブレックファスト、疲れが出たころにホテル2連泊という気遣い、食事は夕食が2回無いだけ、それに何よりもうれしい手頃な旅行代金ということでこのコースを選んだわけです。

　出発当日、成田空港でG社の受付カウンターで添乗員さんに会って受付を終え、航空会社のカウンターでチェックイン手続きをし、参加者30名全員が揃ったところで、添乗員さんの案内に従って各自出国手続き等をすませました。

　私はいつもの海外旅行のように免税店で買物をし、それから出発ゲートに向かいました。ところが予定出発時刻10分前なのに、飛行機はもう動き出しており、ゲートの係員にいくら話しても、もうだめですと言われ、搭乗を拒否されたのです。

　私は翌日の便で追いかけてツアーに合流しようと思い、航空会社にお願いして航空券を翌日の便に振り替えてもらった後、G社に連絡しました。そして事情を話して指示を待ったところ、夕刻5時ごろにG社から電話が

あり、「飛行機に乗り遅れたことはすべてH様の自己責任の範疇に入る問題ですので、ミラノからベネチアのホテルまでは個人の責任で行ってください」と言われました。

しかし個人では不安があるため誰か出迎えてミラノまで送ってくれるようお願いしました。するとG社は、「添乗員は業務上無理ですし、追加費用をお支払いいただけるなら、現地係員と車を用意できますが、どうされますか」と言ったのです。金額を聞くとかなりの高額だったため、結局旅行をキャンセルすることにしました。出発当日キャンセルとなるので、取消料は100％となるとのことでした。

確かに、添乗員さんは搭乗ゲートでの集合時間は何度も言っていましたが、搭乗締切り時刻はひと言も案内がありませんでした。

イタリア・ローマのコロッセウム（筆者撮影）

旅行会社とのやりとり

　帰国後、私は添乗員さんから搭乗締切り時刻について聞いておらず、私を探さなかったのは、添乗員さんの人数確認ミスであると思い、G社に対し旅行代金全額の返金を求めました。

　それに対しG社からは、以下のような返事がきました。

> 　H様もご存じのとおり、弊社ではお客様全員が受付終了後、再集合していただき、そこで添乗員が出国から搭乗までの手続きや流れを必ずご説明いたします。その際もっとも重要な搭乗ゲートと搭乗開始時刻については、お客様に搭乗券を見ていただきながら必ずご説明申し上げております。搭乗締切り時刻については、それをお話しすることによって、その時間を目安に行動するお客様が出ることもあり、それがかえってトラブルになる可能性が高くなります。そのためご案内はしておりません。
>
> 　機内で添乗員はできるかぎりの人数確認をしておりますが、トイレに立ったり、他の空いている席に移動するお客様もおり、また次々と搭乗される他のお客様の進路妨害になるという理由で添乗員も席に座るよう言われます。今回は、H様が指定の席にいないため客室乗務員に確認したところ、全員搭乗していると言われており、最終的にはそれを信じるしかありませんでした。添乗員も航空会社側から見れば一乗客にすぎず、H様が見つかるまで出発が遅れても探せと航空会社側に言うことには無理があります。
>
> 　そもそもH様が団体行動において時間を守る必要性を十分に認識していただいておれば、今回のような問題は発生しなかったのです。したがって、今回のケースは旅行開始後のキャンセルとなりますので、100％の取消料となり、旅行代金をお返しすることはできません。

　しばらく話し合いが続きましたが、結果、G社がHさんに旅行代金の50％を返金してケースクローズとなりました。

コメント

　Hさんにしてみると、どんな理由であれ飛行機が出発時刻になる前に動き出すなんて考えられなかったのでしょう。およそ旅慣れている人ほど、10～15分前のギリギリの状態でも搭乗できると思っている傾向があります。しかし乗り遅れた場合の責任は誰にあるかというと当然ながら乗り遅れた本人になります。100％自己責任ということです。間違っても航空会社が責任を取るなどということはあり得ません。

　ただ今回の話を総合すると、添乗員が客室乗務員に確認したところ、全員搭乗していると言われており、チェックインカウンターの受付数と実際の搭乗客数の不一致に関しては航空会社のカウントミスが濃厚だと想像されます。しかし、だからと言って一乗客にすぎない添乗員が客室乗務員の言葉を信じず、飛行機を遅らせてでもHさんを探すということはほぼ不可能な話です。

　結局、添乗員が「搭乗開始時間にはゲートに来てください」と案内したとおりにHさんがその時間を守ってさえいれば良かっただけの話です。すなわち、すべてHさんの自己責任の問題で、クレームの対象にはならないはずです。

　したがって、Hさんは旅行開始後の取消しとなり、本来100％の取消料をG社に支払わなければなりません。つまり、G社は事前に旅行代金全額を収受していますので、返金する必要がないことになります。それをG社は50％の取消料として残り50％を返金しています。これは、G社の実質的な損失を考慮したうえでの営業配慮ではないでしょうか。

　また、ミラノからベネチアのホテルまでは個人の責任で行ってくださいとのG社の回答もまったく問題ないことです。

予防の一言　旅慣れたお客様が案外心配。旅行中の集合時間に関しては不快感を与えずに何度も、何度も、何度も案内。

episode 9　　　　　　　　　　　　　　　　　　　　　　　　　　　　✈ 台湾

同行客Cクラス変更事件

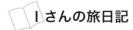Iさんの旅日記

　私は今の会社で営業部長を務めています。営業一筋、常に多忙で、新婚旅行以来、海外旅行に出かけたことはありませんでした。最近仕事に少し余裕が出てきたので、久しぶりに家内と海外旅行をしようと思いました。しかし、いくら余裕ができたと言っても、夏休みと週末を利用した5日間くらいが休める最大日数です。そこで、今回はビジネスクラスを利用して台湾に行くことに決めました。

　適当なツアーを探していたところ、ビジネスクラスの追加代金も割安になっているT社の「台湾周遊の旅5日間」を見つけ、さっそく電話で申しみました。

　出発当日は成田空港に13時集合となっており、12時30分には成田空港について、チェックイン手続きや出国手続きをすませました。出発までかなり時間があるので、ビジネスクラスの特権である空港内の専用ラウンジで過ごすことに決めました。ラウンジ内には軽食や飲み物等が用意されており、ゆったりとした気分で搭乗案内の時間を待ちました。搭乗案内の時間が来ると、優先搭乗ということで、一般の人より先に機内に案内されました。座席に着くと、キャビンアテンダントがシャンパンを持ってきてくれ、それを飲みながら新聞を読み、飛行機が飛び立つのを待ちました。ビジネスクラス利用という優越感に満たされ、家内と顔を見合わせついつい微笑んでしまいました。

　飛行機は定刻に飛び立ち、機内では美味しい食事やお酒、結構大きなサイズのパーソナルテレビで最新の映画を楽しみ、あっという間に3時間がたち、台北の桃園国際空港に到着しました。

　入国手続きや税関手続きを終え、出迎えのガイドさんに会いました。そ

こでしばらく待たされ、私たちと同じビジネスクラス利用参加者2名、エコノミークラス利用参加者6名全員が揃ったところでバスに案内されました。

　バスは一行10名を乗せ、一路台中へと向かいました。2時間ほどで台中に着き、宿泊ホテルにチェックインしました。2日目は、巨大な黄金色の弥勒大仏がある宝覚寺を見学後、風光明媚な日月潭で文武廟の見学や日月潭の湖畔巡りをしました。そして飲茶料理の昼食後、再びバスに乗り台湾の京都と呼ばれ名所旧跡が多く残っている台南に向かいました。再びバスで台湾第二の都市高雄に向かい、蓮池潭や澄清湖を観光した後、高雄のホテルに入りました。その日の夕食は海鮮料理で日本人の口に合ったとても美味しいものでした。

　3日目は寿山公園から高雄の全景を眺めた後、特急列車で台東に向かい、美しい景勝地である三仙台や八仙洞を見て、バスで花蓮へ向かいました。4日目は、迫力満点の断崖絶壁が続く太魯閣峡谷を観光し、大理石工場で買物をした後、花蓮駅から特急列車で台北に行きました。着後、有名な「鼎泰豊」で小籠包を含む点心料理の昼食でした。さすがに世界各地に出店しているだけに最高に美味しく感じました。昼食後は中国4000年の歴史を誇る故宮博物院を見学し、ホテルに入りました。明日はもう帰国です。コースもホテルも満足し、この4日間の思い出に浸りながらホテルのバーでカクテルを一杯飲み就寝しました。

　5日目はもう帰る日でしたが、午後の飛行機だったので、故蒋介石総統を祀る中正紀念堂と台北の下町にある龍山寺を見学して空港へと向かいました。

　桃園国際空港で、ガイドさんの指示に従い搭乗手続きをしていたところ、ガイドさんが全員を集め、「搭乗を予定している航空会社がエコノミークラスのオーバーブッキングで、私たち全員ビジネスクラスになります」と伝えてきました。エコノミークラス搭乗予定の6人は「ラッキー！」と大喜びでしたが、私たち夫婦は何か割り切れない複雑な気持ちになりました。

旅行会社とのやりとり

帰国翌日、私はすぐにＴ社に次のような手紙を書きました。

「今回のツアーで私たちは、ビジネスクラスを利用するために、一人当たり5万円、二人で10万円を支払っています。しかし、結果としてエコノミークラスの代金しか払っていない人と比べると片道分しかメリットを受けていません。帰国便がオーバーブッキングをしていることを貴社は事前に分かっていたはずです。事前に私たちが不公平にならないように配慮すべきです。つきましては、支払ったビジネスクラス追加代金の半額を返金して欲しいと思います」。

しばらくして、Ｔ社の担当者から、以下の内容の回答が来ました。

> このたびは弊社のツアーにご参加賜りまして誠にありがとうございました。
> Ｉ様ご夫妻には航空機の座席の件でご不快な思いをお掛けしましたこと、誠に申し訳なく思っております。ただ、弊社としましては、Ｉ様ご夫妻に往復ともビジネスクラスをご利用いただいておりますので、契約上のお約束はすべて果たしており、返金できるものは何もないということをご理解いただきたいと思います。
> 実際問題として、今回の航空会社によるオーバーブッキングについて、弊社には何の連絡もありませんでした。仮に航空会社から早めに連絡を受けたとしても、現実的には何もできなかったと思います。たまたまエコノミークラスご利用のお客様がビジネスクラスにアップグレードされたというメリットを受けただけであり、逆にＩ様ご夫妻に対しましては何のデメリットも与えておりません。したがって、何らかのメリットを別途Ｉ様ご夫妻に提供することは不可能でございます。
> どうか、事情をご賢察のうえご理解賜りますよう、お願い致します。

その後、Ｔ社はＩさんに粗品をお送りし、ケースクローズとなりました。

コメント

　航空会社が6人ものオーバーブッキングを発生させることは、めったにないことだと思います。しかも、個人客ではなくツアーのお客様をアップグレードしたというのも本当に珍しいケースです。

　航空会社にしてみれば、オーバーブッキングを解消するために、エコノミークラス利用のツアー客をアップグレードしたのだから、お客様は得をしただけなので、何の問題もないと考えていると思います。本ケースでは、たまたま同じツアーのなかで、追加代金を支払ってビジネスクラスにしたIさんのようなお客様がいたから問題になったのでしょう。

　Iさんは、追加代金を支払った分だけ損をしたと考えてしまったのでしょう。Iさんのなんとなく釈然としないという気持ちは理解しないでもありませんが、一言で言えばIさんの勘違いから起きたクレームです。現実問題として、T社がIさんに向かって、「あなたは単に勘違いしているだけですよ」とはなかなか言いづらいと思います。しかし、どこかではっきりと言うしかない問題です。

　ただ、現地ガイドが空港での搭乗手続きのときに、ビジネスクラス利用のお客様を含め全員を集めて事情を説明する必要があったのかは少し疑問がのこります。エコノミークラス利用の6名のお客様だけに説明するだけでも良かったのではないかとも考えますが、飛行機への搭乗後、どちらにしても分かってしまうことなので、この選択肢もベストであるとは言えないかもしれません。

　本来、旅行会社に対するクレームとなる事案とはとても思えませんが、Iさんの思いも分からないわけではありません。その意味で、旅行会社としては粗品をお渡しして解決するということも必要なのかもしれません。

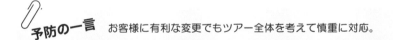
予防の一言　お客様に有利な変更でもツアー全体を考えて慎重に対応。

episode 10 ✈ ハワイ

航空券名前のスペル間違え事件

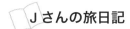Jさんの旅日記

　私は大学の3回生で、ゴルフサークルに入っています。今夏はサークル仲間と初めての海外合宿をすることに決まりました。サークルメンバーは12名いるのですが、諸事情による不参加者もいて、最終的に8名で実施することになりました。

　学生のためなるべく安いツアーを利用しようということになり、いろいろと調べた結果、B社の格安ツアー「ハワイの休日5日間」を利用することに決めました。

　そこでサークルの副部長が代表者になり、電話で予約を入れ、8名分の氏名をアルファベットで書いたものをファックスで流しました。旅行代金も代表者経由でまとめて支払いました。

　出発の1週間前にはB社から最終日程表が送られてきました。その時は出発時間と集合場所以外はあまり気にしていなかったのですが、改めて出発の4日前に確認したところ、私の名前のローマ字が「YAMAZAKI」と書いてありました。私の名前は「山崎」と書いて、正式には「YAMASAKI」と読みます。もちろんパスポートもそうなっています。サークルでは仲間が私を、「やまざき」さんと呼ぶことも多いのですが、いちいち訂正するのも面倒なので、そのままにしていました。

　しかし、何となくそのことが気になりB社に電話を入れてみました。その日は土曜日でB社は休みだったようで、翌々日の月曜日に再度電話を入れてみました。するとB社の担当者は、「出発の2日前のためすでに航空券は発券済みです。取消料として50％、3万4千円かかります」と言ったのです。

　たった一文字変えるだけで、私が行くことに変わりはないのに、それな

のに50％も取るなんて納得できないと抗議したところ、B社は「今回は特別に2万5千円にしますが、それ以上はできません」と強く言われました。私は、取りあえず行かないことにはどうしようもないと思い、2万5千円を支払い、航空券を変更してもらうことにしました。決して納得したわけではないので、帰国後再度交渉するつもりで出発しました。

　ハワイでは、料金の安いパブリックのゴルフ場を中心にラウンドし、ホノルルの観光スポットも一通り見ることができ、ワイキキのビーチも満喫できました。食事も豪華なレストランには行きませんでしたが、さまざまな料理を食べに行き、また、毎晩反省会と称して楽しく酒を飲み、十分に満足できる合宿を過ごしました。

　なお今回の件を仲間に話したところ、全員それはおかしいと憤っていました。

ハワイのゴルフ場（イメージ：http://www.photo-ac.com/ より）

旅行会社とのやりとり

　私は帰国翌日早速Ｂ社に電話し、「御社の条件書を詳しく見ましたが、本人の名前変更についてはその取扱料金に関する記載はいっさいありませんでした。『旅行者の交替』ということでも、変更手数料に関しても『所定の手数料』とだけ書いてあり、金額は明記されていません。他の旅行会社に聞いてみたところ、スペル変更程度なら無料または実費程度でやっていると言われました。私の場合も１万円が妥当な金額ではないでしょうか？」と申し出ました。Ｂ社の責任者という人に電話を替わりましたが、結局、次のように言って譲りませんでした。

> 　このたびは大変お気の毒なこととお察し致しますが、弊社では旅行業約款に基づいた対応を取っております。今回の問題は、約款第15条の「旅行者の交替」に当たり、その場合は所定の手数料をいただくと条件書に書いてあります。出発２日前にお申し出があった場合は、通常旅行代金の50％、すなわち取消料と同額を頂戴しております。
> 　しかし今回は、弊社営業担当者の特別判断で50％より低い２万５千円としております。スペル変更の連絡を受けた際、かかる取消料について説明しておりますので、それで了承いただいたものと思っておりました。
> 　他社のスペル変更時の対応で、一般的には無料または実費程度でやっていると言われましたが、出発２日前ですでに航空券が準備されている状態で、そのような対応をしてくれる会社があるとは思えません。弊社としては約款に基づき「旅行者の交替」手続きを行い、さらに特別措置としてそれにかかる取消料を割り引いたにもかかわらず、このようなクレームをいただくのは非常に遺憾に思っております。

　Ｂ社は、最終的に航空会社に支払う払戻手数料の実費として、１万５千円をＪさんから頂戴することにして、ケースクローズになりました。

コメント

　スペルが一文字違っただけでも、予約と航空券、パスポートがすべて一致していないと同一人物とみなされず搭乗できないのが国際線です。

　本ケースでは、B社は航空会社に支払う実費だけJさんから頂戴しただけの、ただ働きをした結果になっています。さらに、Jさんはサークルの副部長を代表者として、予約・申込みや旅行代金の支払いまで任せています。その点でもスペル間違いの責任はB社にはありません。

　では、B社にまったく責任がないかというと残念ながらそうでもありません。まず、「旅行者の交替」と「取消料」を混同していることです。本来「取消料」は、Jさんが旅行をキャンセルした場合に支払うものであって、「旅行者の交替」はJさんが行けなくなったので代わりに友人のKさんを行かせようとした場合などに、旅行会社が承諾すれば所定の手数料を支払うことで認められるという規定です。したがって常識的には交替手数料は取消料より安く設定されなければなりません。一般的には1～1.5万円くらいに設定されているのではないでしょうか。本ケースでは、単なるスペル間違いですが、スペルの訂正も旅行者の交替と同じ手間がかかります。したがって「旅行者の交替」規定を準用するべきです。

　それなのに、B社の条件書にはその金額を明示していない点が問題なのです。「旅行者の交替」の手数料を明記し、さらに「出発の〇〇日前以降は△△円の手数料をいただきます」と書いておけばよいでしょう。

　もっとも、このような代表者による申し込みでも、B社が、個人の申込みと同様に手間を省かず、全員に申込書を記入させて送ってもらっていれば、さらにパスポートのコピーを預かるなどして、パスポート記載のネームを確認していれば、今回の問題は発生しなかったと言えます。

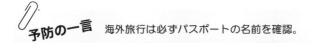　海外旅行は必ずパスポートの名前を確認。

episode 11　✈ カナダ

道路渋滞航空機乗り遅れ事件

📖 Kさんの旅日記

　一度はカナダの大自然に触れてみたいと思い、私はゴルフ仲間に声をかけたところ、3人ほどが賛同してくれたので、一行4人でカナダ旅行をすることに決めました。幸い皆定年を迎えており、時間だけは十分にあるということで、出発日にとくにこだわる必要はなく、割安でお得なコースを各自手分けして探しました。4人で各社のパンフレットを持ち寄り、あれがいい、ここに行きたい、などさまざまな意見が出たのですが、最終的に10月中旬出発でX社の「カナディアンロッキーとビクトリア8日間」に行くことに決めました。

　出発当日、成田空港で4人は集合し、約9時間のフライトを楽しみ、時差の関係で同日の午前10時にバンクーバーに到着しました。

　到着後はさっそくバンクーバーの市内観光ということで、スタンレーパークを散策し可愛いアライグマを見ましたし、バンクーバー発祥の地と言われるギャスタウンでは蒸気時計の前で記念写真を撮りました。その後レストランで夕食をとりホテルに入りました。さすがにその日は疲れていましたので、全員早目に寝ることにしました。

　2日目はビクトリア観光で、バスとフェリーで往復しました。最大の見どころと言われるブッチャート・ガーデンでは、20 ha もある広大な庭園でさまざまな花をゆっくりと歩きながら見ることができました。その後、高級ホテルのエンプレスホテルのカフェでアフタヌーンティーを楽しみました。

　3日目は、バンクーバーから空路カルガリーへ移動です。いよいよカナディアンロッキーの旅の始まりです。カルガリー空港到着後、バスでレイクルイーズへ向かいました。到着後ホテルにチェックインし、ロッキーの

宝石と呼ばれる美しい湖の湖畔を散策しました。

　4日目はカナディアンロッキーの雄大な景色を眺めながらアイスフィールドパークウェイを北上し、コロンビア大氷原に向かいました。コロンビア大氷原では雪上車に乗ってアサバスカ氷河を観光しました。その後再びバスでジャスパーに向かい、ホテルに入りました。

　5日目はジャスパー国立公園の観光でした。マリーン渓谷やメディスン湖などを見学し、マリーン湖ではボートクルーズを楽しみました。その後、バスでバンフへと向かいました。バンフ到着後ホテルにチェックインし、その後はゆっくりと4人で酒を酌み交わしながら過ごしました。

　6日目は終日自由行動でしたので、午前中はオプショナルツアーのバンフ半日市内観光に参加しました。ゴンドラに乗りサルファー山頂駅に行き展望台から見た360度の大パノラマはまさに圧巻でした。

　毎日好天に恵まれ、カナダの大自然を思いっきり堪能できました。明日はカルガリー空港から空路バンクーバー乗り換えで帰国するだけです。夜の9時ごろ、現地係員から電話があり、天気予報によると明日は雪になりそうなので出発を30分早めて6時30分にホテルを出発する旨の連絡がありました。

　7日目は連絡通り6時30分にカルガリー空港に向けてホテルを出発しました。しかし、道路凍結により大渋滞で車は動かず、凍結現場では車がスリップし路肩から転落しそうになり、私たちが手伝って車を押し戻し、惨事を未然に防ぐということもありました。

　カルガリー空港に着いた段階で、私たちの乗る予定の飛行機はすでに飛び立っていました。そして航空会社の人から、「本日のカルガリー・バンクーバー便はすべて満席で、バンクーバー・成田便も3日後まで確保できない状況です」と言われたのです。

　やむを得ずその日はカルガリーのホテルに泊まり、翌日カルガリーからロサンゼルス乗り換えで帰国しました。カルガリーのホテル代はX社が負担してくれましたが、それ以外の余分な費用が20万円ほどかかりました。

旅行会社とのやりとり

帰国後、私はすぐにＸ社に行き次の理由から費用の返金を求めました。

①カルガリーのホテル代をＸ社が負担したのは、責任を認めたからだ。

②前日のテレビや新聞で事故渋滞の状況は報じられていた、もっと情報を入手し前日から適切な雪害対策を講ずるべきだったのではないか。

③最終日程表には、7日目のバンフのホテル出発が「早朝」(「早朝」とは午前4時から6時)と書いてある。当初の予定通り「早朝」の時間帯に出発していれば、このような問題は起こらなかったはずである。

それからしばらくしてＸ社は、次のような回答の手紙を送ってきました。

> まず、前日の現地報道ですが、事故渋滞については、今回のカルガリー空港へ向かう方向とはまったく逆の国道でのことで、特段問題はないと考えました。天気予報は曇り時々小雪となっておりましたが、降雪による空港までの所要時間増という万一の場合を考え出発時間を30分早くしたしだいです。
>
> 最終日程表の「バンフ発早朝」は単なる記載ミスで、それについてはお詫び申し上げますが、現地で説明した7時という出発時間は、通常であれば十分に間に合う時間です。結果として予定便に間に合わなかったことは誠に遺憾に思いますが、予測を超える降雪と道路凍結による2カ所での事故で通行止めというまったくの不可抗力によるものであったことをご理解いただきたいと思います。そのような状況下でＫ様にカルガリーのホテル代までお支払いいただくことは、Ｋ様のお気持ちを考えるとむずかしいと思い弊社が負担したしだいです。
>
> つきましては、航空会社に交渉した結果として、本来の帰国便に乗らなかった部分に関する返金額をお戻しさせていただきたく存じます。

Ｘ社はＫさんに対し、航空会社に交渉した結果としての返金額に多少のお見舞金を支払い、ケースクローズとなりました。

コメント

　Kさんはたまたま運が悪かったとしか言えないケースです。

　まず、カルガリー空港への送迎についてですが、旅行会社の旅程管理として、どんな場合でもほぼ確実に空港に着けるよう早目に出発するようにしています。しかし、あまりに早く出発すると空港での待ち時間が多くなり、それがかえってクレームになることもあります。したがって今回のX社の対応は問題がなかったと言えるでしょう。とはいえ、前日からの悪天候、さらに充分以上の余裕をみた出発時間に変更しても良かったかもしれません。

　Kさんが次の便や翌日の同便に乗れることができたなら、おそらく追加の滞在費だけの出費ですんだと思われますが、不運にもそれらの便が満席で、ロサンゼルス経由の便を選択し帰国することになったのでしょう。20万円ほどの支払いはとても辛いものと同情しますが、それは旅行中には起こりえるリスクです。

　次に、パッケージツアーなので未使用の帰国航空券代は原則として払戻しできませんから、X社は返金する必要性はありません。それにもかかわらず、予定便に乗れなかった際の対応として、カルガリーの宿泊ホテル代を負担し、さらに航空会社と返金交渉をしたX社の対応は、ホスピタリティ精神を十分に発揮したものだと言えます。

　惜しむらくは、最終日程表の「『早朝』バスでカルガリー空港へ」という記載ミスです。これさえなければ、Kさんが、「もっと早くホテルを出発していれば、予定便に間に合い、多額の出費を強いられることはなかった」と強く思い込むこともなく、X社がお見舞金を支払う必要もなかったと思われます。

予防の一言　予期せぬ悪天候時は余裕のうえにも余裕の旅程管理を。最終日程表は小さなミスも許されない、確認のうえにも確認。

episode 12　　　　　　　　　　　　　　　　　　　　✈ 成田発バリ島

前泊不要勘違い事件

📖 Mさんの旅日記

　八丈島に住んでいる私は毎年夏休みに家族全員で海外旅行をしています。今年の海外旅行はどこにしようかと家族会議を開いたところ、全員一致で、バリ島でのんびり過ごそうということになりました。そこでいろいろと調べた結果、Q社の「バリ島6日間の旅」に参加することに決めました。

　この旅行は、ヌサドゥア地区のデラックスホテルに滞在し、芸術の村ウブド観光や子どもたちに絶対喜ばれるゾウ乗り体験、妻の希望するスパ・トリートメント、神秘的なケチャックダンスの鑑賞が含まれており、全員が満足できそうな内容でした。

　なお、パンフレットによると成田空港午後発、デンパサール夜着の直行便利用となっていましたので、朝一番の八丈島発羽田空港行きの飛行機に乗り、羽田到着後リムジンバスで成田空港に向かえば午前11時45分には成田空港に到着するので問題ないだろうと考えていました。

　しかし、出発5日前に届いた最終日程表によると、「成田空港集合10時30分、成田空港発12時30分、デンパサール着21時10分」となっており、朝一番の便で行っても間に合わないことが分かりました。仕方なく、急遽成田空港近くのホテルを予約し、八丈島からの飛行機も前日に変更しました。

　出発当日、成田空港にはゆっくりと行けました。成田空港からの直行便は定刻に出発し、約7時間半の快適な空の旅の後、デンパサール国際空港に到着しました。現地ガイドさんが出迎えてくれ、ホテルに直行しました。夜でしたが、ホテルはとても立派でロビーも広く、案内された部屋も素晴らしいものでした。

　翌朝、ベランダから見る景色は別天地のようで、目の前には豪華なプー

ルがあり、その先には白い砂浜のビーチが見えます。朝食も豪華で品ぞろいの多いビュッフェで、ホテルのスタッフもとても感じが良く、すぐに気に入ってしまいました。

　芸術の村ウブドの1日観光も充実したものでした。ウブドではウブド王宮を見学し、ウブド市場を散策し、珍しい雑貨類を購入しました。インドネシア料理のレストランで昼食をとった後は近郊のゴアガジャ遺跡の観光を楽しみ、夕刻は素晴らしい夕陽を堪能しました。

　ホテルでの、プール、ビーチ、スパ、ケチャックダンス鑑賞、そしてさまざまな種類のレストラン、家族それぞれ充実したリゾートホテルライフを満喫し、帰国の途に就きました。

　しかし、前泊の件だけが、心に引っ掛かりました。もっと早く教えてくれれば、東京の親戚の家に泊めてもらうことができ、成田空港のホテルに前泊しなくても良かったのです。ホテル代も一家4人となると決して安い費用ではないため、腹が立ってきました。

インドネシア・バリ島のリゾートホテル（筆者撮影）

旅行会社とのやりとり

　私は翌日早速Q社に電話し、「私が八丈島に住んでいることは2カ月前に申し込んだ時点で申込書を一目見れば分かったはずです。遠隔地から成田空港に集合するのですから、間に合うかどうかを考えてくれるのも旅行会社の仕事であるはずです。それなのになぜ出発便が12時30分発であることを教えてくれなかったのですか？　前泊のホテル代金を支払ってください」と申し出ました。

　しばらくして、Q社より次のような内容の手紙が届きました。

> 　前泊の件では、は大変お気の毒なこととお察し申し上げます。
> 　しかし、弊社では何ら間違ったことをしたとは思っておりません。飛行機の出発時間についてですが、パンフレットの記載どおりでした。
> 　そもそもパンフレットをご覧になっていただければお分かりになると思いますが、別ページに時間帯の表示について、「午後とは12時から16時、夕刻が17時から18時、夜は19時から23時が目安です」と記載しております。
> 　今回の旅行で確定した飛行機の発着時刻は、いずれも目安とした時間帯の範囲内となっております。
> 　したがって、弊社には何の落ち度ないわけですから、大変恐縮ですが、M様の前泊のホテル代を支払う義務はないと考えております。
> 　ご理解いただきたくお願い申し上げます。

　「少なくても3週間くらい前であれば実際に利用する飛行機が決まっていたはずです。それなのに教えてくれないのはあまりにも不親切としか思えません」とMさんは納得できず、幾度か交渉を繰り返しました。Q社は、最終的に、前泊のホテル代金の半額を負担することにして、ケースクローズになりました。

コメント

　ルール上旅行会社は何ら間違いを犯していないにもかかわらず、このような無茶を言うお客様も少なくないのが現実でしょうか。

　旅行業約款にはお客様から問い合わせがあれば分かっている範囲で手配状況をお伝えする旨の規定があります。Mさんはそのようなこともせず、ただただQ社がいろいろと面倒を見てくれると勝手に思い込んでいたようです。そのようなお客様でも対応しなければならない旅行会社は大変な商売ですね。したがって、本ケースはMさんがあきらめるまで徹底抗戦したほうが良かったと思われます。

　しかし、バリ島のデンパサール便はそれほど多く飛んでいるわけではないので、場合によっては前泊が必要になる旨をあらかじめMさんにお伝えできていれば、それに越したことはなかったでしょう。もっとも、バリ島の専門旅行会社ならそれに気づく担当者もいるかもしれませんが、いずれにせよそこまで要求することは無理かもしれません。

　ただ、八丈島在住のお客様に成田出発のパッケージツアーを販売したのですから、旅行会社のビジネスとしては、八丈島・羽田空港の航空券の販売、たとえ当日集合時間に間に合うとしても、天候などの事情も考えて、都内か成田空港のホテルの前泊をお勧めしても良かったのではと考えます。これは、お客さまに対する気遣いであると同時に、旅行会社のビジネスになることです。同時に、もし八丈島からの便が欠航したり、遅延したりと考えれば、旅行会社にとっても必要なリスク管理になるといえます。

　本ケースにおいて、どうしてそのような付帯の販売をしなかったのかは不明ですが、もう一歩踏み込むだけでクレームが減ることを旅行会社は理解すべきでしょう。

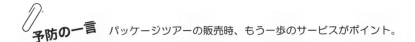 **予防の一言**　パッケージツアーの販売時、もう一歩のサービスがポイント。

column 2

パッケージツアーってなに？

　旅行会社が出発地（集合場所）から帰着地（解散場所）までの全旅程を管理する形態の旅行商品である。旅行会社自らが企画し、旅行素材を仕入れ造成、値付けし、パンフレットや新聞広告、インターネットなどで告知・宣伝し募集する旅行会社のオリジナル旅行商品である。旅行業約款上は「募集型企画旅行」となる。品質管理され、販売の手間もかからず、収益性の高い商品なので、どの旅行会社も販売に力を入れている最主力商品である。

　パッケージツアーは、1964年海外観光旅行が自由化された翌年に発売された、日本航空の「ジャルパック」から始まった。そして、1968年日本交通公社（現JTB）が日本通運と共同で「ルック」の販売を開始する。その後、旅行会社各社が続々とブランド名をつけて発表した。パッケージツアーの登場は国内も海外も旅行需要を一気に拡大させていった。

　そもそも、代売・仲介をビジネスとしていた旅行会社が、はじめて自ら企画し、仕入れ、造成し、値付けするオリジナル商品を手に入れたことになる。この時初めて、旅行会社は旅行代理店から名実ともに旅行会社になったのである。

　パッケージツアーは実際多くの旅行者が利用している。海外旅行においては、FIT（海外個人旅行）が増えているもののパッケージツアーのシェアは極めて高い。パッケージツアーには多くのメリットがあるからである。最大のメリットは、旅行に不可欠な交通、宿泊、観光、食事などがあらかじめ手配され、確実に予約されていることである。また、客室や座席などの大量仕入れ、安定的な仕入れによる経済性、さらになんといっても旅行会社の信頼を背景とした安心感であろう。

第3章 ホテルルームのトラブル

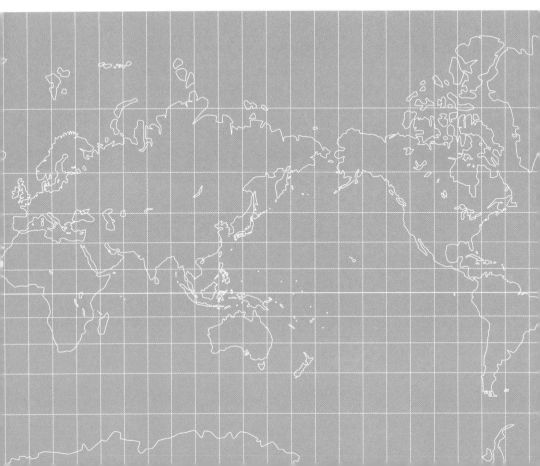

episode 13 ✈ ハワイ

デラックスルーム隣室イビキ事件

📖 Nさんの旅日記

　私は60歳で定年退職し、取りあえず退職金の一部で家のローンを完済しました。子どもは大学を卒業し独り立ちしています。パートで友人の仕事を手伝うかたわら、今までできなかった女房孝行として、少なくても年に2回は海外旅行をしようと決めました。そこで、妻と二人でさまざまなパンフレットを集め、相談した結果、記念すべき第一回目の旅行先をハワイに決め、Y社の「Sホテルに泊まる優雅なハワイ7日間」に申し込みました。Y社のパンフレットには、「Sホテルの海に面した眺望抜群のデラックスルームをご用意しております。心ゆくまでおくつろぎいただき、ホテルライフをご満喫ください」と書かれていました。

　久しぶりの海外旅行のため、当日は朝からわくわく気分で早起きし、妻と二人で忘れ物はないか再度チェックし、早めに家を出ました。その結果、出発の3時間以上前に成田空港に到着しました。出発の2時間前になって指定された受付カウンターに行き、係員から説明を受け、無事にチェックインを終え、飛行機は定刻で飛び立ちました。機内では子ども連れのファミリー旅行客が多く、いささかうるさいのが気になりましたが、ホノルル到着後の楽しさを考えるとどうにか我慢することができました。

　時差の関係でホノルルには同日の午前中に到着しました。一般のツアーでは午後の3時ぐらいまでチェックインできないようですが、このY社のツアーは午前中にチェックインできるコースだったので、空港からSホテルに直行しチェックインし、部屋に入りました。案内された部屋は30階で海を一望のもとに見渡すことができ、彼方にはダイヤモンドヘッドが美しく見えて、「素晴らしい！」の一言でした。妻と二人で「来てよかったなあ」と微笑みあいました。

しかし、その喜びもつかの間、夜になって雰囲気がガラリと変わってしまったのです。何と隣りの部屋から宿泊客のイビキが聞こえてくるではありませんか。私はどちらかというと神経が過敏な方なので、結構なショックでした。そこで、Y社の現地係員に「隣りのイビキがうるさいので、静かな本物のデラックスルームに変えて欲しい」と連絡しましたが、「その部屋はY社がこの企画のために指定していますので、勝手に変えることはできません」と断られました。その夜は、久しぶりの長旅と機内であまり眠れなかったせいか、11時ごろには眠りにつくことができました。

　翌日はのんびりと起きて、朝食後、カラカウア大通りを散策し、人気のワイキキ・ビーチ・ウォークに行きメイド・イン・ハワイのクラフト商品や手作りのハワイアン・キルトなどのショッピングで楽しみました。そしてランチを食べ、最後は話題の「レッド・マンゴー」でフローズン・ヨーグルトを食べました。とても満足のゆくものでした。

　3日目の朝、起きた時、初日の朝のことが何となく思い出され、気になりよく耳をすますと、隣室の客が読んでいるらしい新聞をめくる音や咳払いなどが聞こえてきました。できるだけ気にしまいと思えば思うほど、かえって気になりました。朝食後早々に、トロリーに乗ってダウンタウン地区に行き、カメハメハ大王像、ハワイ州政府ビル、イオラニ宮殿、ハワイ最古のカワイアハオ教会などを観光しました。4日目以降も同様に、できるだけ外で過ごそうと思い、街歩きやショッピングなどで過ごしました。おかげで期待どおりのハワイを十分に楽しむことはできたのですが、残念ながら優雅なホテルライフを過ごすという夢はかないませんでした。

　あのような部屋がデラックスルームと言えるのでしょうか。パンフレットに書かれていた内容とはまったく違うとしか言いようがありません。チェックアウトの際、Sホテルの支配人に文句を言ったところ、支配人は「申し訳ございません」と頭を下げました。帰国後しばらくたってSホテルの支配人から詫び状が届き、忘れかけていた不愉快な気持ちを思い起こされてしまったのです。

旅行会社とのやりとり

私はすぐにY社に行き、「私は入社以来営業畑一筋だったので、仕事柄国内外を問わず出張が多く、数多くのホテルを見聞きしている。私たちが泊まった部屋はコネクティングルームの造りで、とてもデラックスルームとは言えない。責任を取って欲しい」とクレームを申し立てました。

数日後、Y社の本社のお客様相談室から次のような内容の手紙が届きました。

> N様ご夫妻にお泊りいただいたSホテルの30階の部屋は、ダイヤモンドヘッド側のデラックス・オーシャンフロントのカテゴリーに属するもので、ご旅行条件は十分に満たしております。
>
> N様がおっしゃるように隣室とは確かにコネクティングになっておりましたが、コネクティング・ドアは入口に近いところにあり、双方にドアがあって普段は双方の部屋のプライバシーが保たれる構造になっています。つまり独立した部屋として機能しているのです。N様がご指摘されているような質の悪い部屋ではないことをご理解いただきたいと思います。N様は隣室のイビキが聞こえるような部屋はデラックスルームではないとおっしゃっていますが、これは旅行会社の管理外のことであり、責任はないものと考えております。
>
> 過去にこの部屋に泊まられたお客様からこのようなクレームがなかったかどうか確認したところ、今までに1件もなかったことが分かっております。したがって、弊社としては何ら落ち度がないため、要求に応じることはできないと考えます。

Nさんはこの回答にはどうしても納得することができませんでした。その後1年ほど話合いは平行線をたどりましたが、最終的にY社が、ある程度の解決金を支払い、ケースクローズとなりました。

コメント

　Nさんご夫妻は十分にハワイ旅行を楽しんだように思われます。それでも、このようなクレームが発生するのですね。たぶんにNさんの性格によるところが多そうです。

　そもそも「デラックス」という言葉から受けるイメージは人によって異なるため、それについて客観的な基準をつくることはきわめてむずかしいと言えます。まったく物音がしない部屋でなければ「デラックスルーム」とは言えないとNさんは主張したようですが、それぞれの国や地域によって建築基準が違い、デラックスホテルのデラックスルームと言っても、壁の厚さの関係で隣室の物音が聞こえるという所もないわけではありません。

　ただ、いくらなんでも新聞をめくる音が聞こえるというのは、Nさんがかなり神経過敏な人だとしか思えません。Nさん自身もそのことを認めているようですが。一般的には、旅行業界、ホテル業界等が認めているのであればデラックスルームとして問題はなく、隣室の宿泊客のイビキ等までは部屋を手配したY社の管理外の問題になります。

　なお、イビキがひどかったのは最初の1日だけだったのでしょう。翌日も同様の状態だったらNさんは再度Y社の現地係員に申し出たと思われます。これほどのクレームを起こすくらいなら、なぜ滞在中に直接ホテルに対し部屋を変えてくれるように言わなかったのでしょうか。帰国時にはホテルの支配人に文句を言っているのに。

　いずれにしても、現地係員は最初にNさんの申し出を受けたとき、ひとこと「一晩過ごしてもまだイビキが続くようであれば、本社やホテルと話し合って善処したいと思いますので、おっしゃってください」と付け加えておけば、これほどの問題にはならなかったと思います。

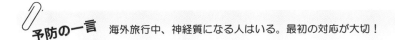
予防の一言　海外旅行中、神経質になる人はいる。最初の対応が大切！

episode 14　　　　　　　　　　　　　　　　　　✈ シンガポール

予定どおりのホテルだけど事件

📖 Oさんの旅日記

　私と妹は、自分で言うのも変ですが、かなり仲の良い姉妹だと思っております。お互いに現役のOLで、まだ独身のため両親と一緒に暮らしており、趣味は旅行だけで他にそれほどお金を使うということはありません。そこで互いの有給休暇をうまく利用し、二人で年に1回は必ず海外旅行をしています。

　もちろん、私たちは会社も仕事内容も違うので、それほど長い休暇を取ることができません。主たる旅行先は東南アジアなどの近距離に限られています。今までに、ハワイ、グアム、香港、韓国、タイなどを訪れました。そこで今回はシンガポールにしようと思い、Z社の「あの有名なGホテルに泊まるシンガポール4日間」というコースに決めたのです。

　パンフレットにはGホテルについて次のような説明がありました。

　「Gホテルは6 haの美しい敷地内にロビーや本館タワー、パークレーンなどの各棟が点在しており、豪華さと上質なサービスで定評があります。開業以来、世界各地から多数の要人や著名人が宿泊しているシンガポールを代表する歴史的な高級ホテルです」。

　そこの別館であるパークレーンのメゾネットタイプ・スイートに宿泊するということで、どれほど素晴らしい部屋かと思い、わくわくしながら出発日を迎えました。

　空港集合時間は出発の2時間前となっていましたので、時間に間に合うように成田空港に行き、集合時間の15分前には受付カウンターに着きました。添乗員は付いていないコースでしたが、人気コースのせいか、ご夫婦やカップル、友達同士らしいグループなどで総勢36名もの大人数でした。

シンガポールまでの飛行時間は8時間弱で、私たちの今までの旅行では一番長い時間、飛行機に乗ることになりましたが、最新の映画や美味しい機内食を楽しみ、さほど退屈することなくシンガポール・チャンギ国際空港に到着しました。人数が多かったため、全員が出迎えのガイドさんに会ってバスに乗るまで1時間ほどかかりましたが、何事もなくホテルに到着しました。

　ホテルでガイドさんから部屋のキーをもらいましたが、半数弱の人たちは本館になっており、私たちは別館でした。別館は長期滞在者に提供する部屋のような感じで、だれも宿泊していないのではないかと思えるほど静かでした。部屋の1階はキチネット付きのリビングルームで食器やなべ類、アイロン台などが置いてあり、2階がベッドルームになっていました。広さから言えば確かにスイートルームなのでしょうが、全体的に暗いイメージでいささか不気味な感じがするほどで、とても有名人が宿泊する豪華なホテルとは思えませんでした。

　翌朝は36名全員が本館のレストランで朝食をとり、その後、シンガポール市内観光に向かいました。マーライオン公園、チャイナタウン、そしてオーチャード・ロードの散策などを楽しみました。昼食は有名店での飲茶、夕食は海鮮料理で、どちらも大変美味しく満足できました。その後ホテルに戻りましたが、相変わらず従業員の姿もまったく見ることがなく、静かすぎて、部屋の戸締りをしっかりと確認し、早々に寝ました。

　3日目の朝食の時、同じツアーに参加したご夫妻が本館に泊まった話を聞いて、その部屋を見せてもらいました。そのご夫婦の部屋は別館ほどの広さはありませんでしたが、木目調の明るい部屋で窓からの景色もよく、とても快適な感じで、私たちの部屋より2ランクほど上のように思いました。

　少し不愉快になりましたが、もう帰国する日でしたので、その日のジョホールバール観光を楽しみ、また、買い残したお土産も購入し、帰国の途に就きました。

第3章　ホテルルームのトラブル

✉ 旅行会社とのやりとり

帰国翌日、私はＺ社に行き、次のようなクレームを挙げました。

「今回のツアーでは、どうして本館と別館に分かれたのですか。また別館よりハイクラスの本館に泊まる人をどのような基準で決めたのですか。別館は著名人が泊まる豪華な部屋とは言い難く、誇大広告に思えます。本館と私たちが泊まった別館スイートとの差額を返金して欲しいと思います」。数日後、Ｚ社から、次のような回答の手紙が送られてきました。

> このたびは弊社のツアーにご参加いただきまして誠にありがとうございました。ただ、Ｏ様にはホテルの部屋の件でご不快な思いをお掛けし誠に申し訳ございませんでした。
>
> そのホテルについてですが、ご利用いただきました別館のパークレーンのメゾネットタイプ・スイートは、募集パンフレットどおりのものでございます。したがって契約上のお約束は果たしておりますので、返金できるものは何もないということをご理解ください。
>
> なお、今回のツアーに関しましては、ホテル側のオーバーブッキングで、お客様全員をパークレーンのメゾネットタイプ・スイートにお泊めすることができなくなり、やむを得ず本館と別館に分かれてお泊りいただいしだいです。ホテル側からの連絡が出発の２日前だったこと、本館はダブルベッドルームが多かったこともあり、今回は参加申し込みの早い順番で、かつご夫婦やカップルを優先させて本館宿泊者を決めたしだいです。弊社ならびに現地旅行会社からそれに関する説明が何もなくお泊りいただいたため、Ｏ様にはご不快な思いと疑念を抱かせてしまいましたこと、本当に申し訳ございませんでした。深く反省しております。

その後、Ｚ社は、Ｏさんに丁重なお詫び状と粗品をお送りし、ケースクローズとなりました。

コメント

　本ケースはＺ社の責任になる問題ではありません。あくまでもＧホテル側の問題です。そしてＧホテルは、同等あるいはそれ以上のクラスのホテルに振り替えるという宿泊約款に定められたオーバーブッキング時の対応をとったことになります。

　また、Ｏさんは旅行条件どおりＧホテルの別館パークレーンのメゾネットタイプ・スイートに宿泊しています。つまり、Ｏさんの勘違いや思い込みから発生した問題なのです。たまたま参加者の半数弱の人たちが、本館に宿泊するという予想外の利益を受けただけなのです。本館の部屋の様子を見てしまったうえに、その本館に宿泊した人数の多さゆえに、なぜＯさんたちは本館にならなかったのかという思いが強くなったのでしょう。それがＯさんをして、自分たちは不利益を被ったと勘違いさせたのです。

　このようなオーバーブッキングが発生した場合、旅行会社として考えることは、「誰をどう振り分けたら公平にできるか」ということです。その基準をお客様全員に説明しなければならないのが原則です。しかし、出発２日前という時間がない時点でのオーバーブッキング発生ですから、ホテルへの部屋割りの連絡を考えると、旅行会社側で決めるしかないでしょう。

　なお、ダブルベッドルームの場合、ご夫婦やカップル優先というのは一般的に理解できます。しかし、参加申し込み順というのは、お客様全員が同一料金を支払って参加している以上必ずしも公平ではありません。出発前に該当者全員に連絡して了解を求めるべきです。

　ただ、いかんせん時間的余裕がなかったのが本ケースです。したがって、現地ではなく、出発当日空港に担当者が出向き、参加者全員に事情を説明し、納得してもらう必要があったのではないでしょうか。

> **予防の一言**　参加者へは公平に。一部参加者への有利な変更も全員に説明し納得してもらう努力が必要。

第３章｜ホテルルームのトラブル

episode 15　　　　　　　　　　　　　　　　　　　　　　　　✈ アメリカ

ニューヨーク三ツ星ホテル事件

📖 Rさんの旅日記

　私は小さな輸入雑貨店を営んでおり、買い付けのため時々アメリカに行っております。一人旅の時は格安航空券を購入し、ホテルはインターネットでスタンダードクラス以上の割安なホテルを予約して個人旅行として行くことが大半です。それだけではなく、まったくの観光旅行として行くことも多く、その場合は学生時代からの友人と一緒に旅しています。

　久しぶりに大学時代の友人二人とニューヨークに行くことが決まりました。どんな旅行にするかは私に任せるということになり、友人は一般の企業に勤めるOLでしたので、比較的安めの、空港・ホテル間の往復送迎付きだけの、P社の「ニューヨークフリータイム6日間」にしました。ホテルも指定されておらず、「Hホテルまたは同等クラス」ということで数多くのホテルのなかのどれかになるというものです。

　出発の2週間ほど前になって、P社の担当者から「ホテルが決まりました」という電話があり、私の知らないホテルだったので「どのようなホテルですか？」と聞いたところ、「三ツ星クラスなので心配いりませんよ」という話で安心しました。

　出発当日は、P社から送られてきた最終出発案内に従って成田空港に向かいました。友人とは成田空港の出発ロビーで待ち合わせ、ニューヨークの旅は始まりました。

　アメリカの入国手続きを終え出迎えの現地係員の方に会い、ホテルへ向かいました。ホテルのロビーに入ってまず驚いたのは、ロビーでごろごろ寝ている人がいたり、床に座って食事をしている人がいたことです。その上ロビーは薄暗くしかもかなり広いのです。それなのに警備員の姿も見えませんでした。女性だけの3人旅ですからこれからの滞在を考えると不安

になり、現地係員の方に、ホテルを変更してもらうようお願いしたのですが、「キャンセル料が100％かかりますよ」と言われ、あきらめました。

　ルームキーをもらって部屋に行ったところ、ドアのカギは壊れかかっている状態で、部屋の中の両側の壁にはドアがあり、いわゆるコネクティングルームになっている部屋でした。しかも片方のドアはチェーンが取れていて付いていませんでした。カギは一応かかっているようでしたが、それでも少し不安になりました。そのうえ、暖房が壊れているようで効きませんし、バスタブは洗っていなくて汚れている感じでした。

　取りあえず着替えて夕食に行こうということになり、街をぶらぶらしながら適当なレストランを見つけ夕食をとり、ホテルの嫌なことを一時は忘れることができました。でも、夜の11時頃ホテルに戻ると、両隣の部屋からは客が大声で騒ぐような音が聞こえ、嫌なことをまた思い出してしまいました。しかもエキストラベッドがまだ入っていなかったのです。その夜は、私が仕方なく床に寝ることにしました。

　翌朝、少し風邪をひいたようで体調が万全ではなかったのですが、到着時に申し込んでおいたオプショナルツアーの「ニューヨーク1日観光」に参加しました。ホテルを出る前にはP社のニューヨーク支店に電話して、エキストラベッドの搬入と寒いので毛布を用意してもらいたい旨を伝えました。ニューヨーク市内観光は、3人とも大はしゃぎで楽しい時間でした。3日目は世界三大美術館の一つメトロポリタン美術館に観賞に行き、充実したひと時を過ごしました。

　4日目になっても体調が良くなるどころか、ますます風邪がひどくなり、ホテル内でのんびりと休むことにしました。翌日は昼の飛行機で帰国でしたので、ホテル出発まで何をすることもできず、迎えのバスに乗り空港へ向かいました。その際現地係員の方に、「今回のような不愉快な思いをしたのは初めてです」と伝えたところ、その方は、「帰国後担当者から連絡させますので」と言ってくれました。帰国便は順調に飛行し、機内ではそれほど体調が悪くなることもなく、どうにか旅を終えることができました。

第3章　ホテルルームのトラブル

旅行会社とのやりとり

　帰国後1週間ほどたってもP社からは何の連絡もありませんでした。そこで私は、P社に、「私は貴社が手配したホテルに泊まったため、不愉快な思いをし、かつ体調を崩したのです。その結果、旅行の目的の一つである商品の買い付けができませんでした。しかも現地係員の方が約束してくれたにもかかわらず、貴社の担当者からは何の連絡も来ておりません。責任者から誠意ある回答をいただきたいと思います」という手紙を書き送付しました。1週間ほどして、P社より次のような返事が来ました。

> 　R様には今回の旅行で体調を崩されたこと、お見舞い申し上げます。
> 　今回ご宿泊されたホテルですが、スタンダードクラスとして他社でも使用しているホテルです。このホテルはロビーが非常に広い上に近くに地下鉄の駅もあるため、近所の人やバックパッカーの個人旅行者も出入りしているようです。ただし、エレベーターの前には常時警備員がいるとのことです。
> 　次に、お部屋のコネクティング・ドアの件につきましては、すべてのドアを封鎖して行き来できないようにしており、R様からお部屋に関して特段の連絡を受けなかったとホテル側では申しております。また、弊社のニューヨーク支店に、R様からエキストラベッドの搬入および毛布が欲しい旨連絡があり、ホテル側にはその旨を連絡しております。なお、その翌日のベッドメイキングの際、メイドが毛布を片付けてしまったようですが、その件に関してそれ以降とくに連絡はなかったとのことでした。
> 　最後に、R様が帰国後、弊社の担当者より連絡させていただけなかった点につきましては、誠に申し訳なく深くお詫び申し上げます。

　その後RさんはP社と数回の交渉を持ちましたが、P社が対応を変える気がないと分かり、Rさんがあきらめてケースクローズとなりました。

コメント

　一般論として、本ケースのような添乗員がつかないフリータイムのツアーに参加した場合、何かあったらまず自分から行動しなければなりません。

　その際言葉の問題でホテル等に言えないのであれば、最終日程表に記載している緊急連絡先に連絡して対処してもらう必要があります。そうしないと、せっかくの旅行に不愉快な思いが残ってしまうだけです。旅は本来楽しいものであるはずですが、とくに海外旅行の場合は、言葉の問題、習慣の違い等で多少の不便はあるものです。その際に、積極的にジェスチャーを交えてでも相手に伝えようという気になれば、たいがいの場合は伝わるものです。それがまた旅の楽しみを倍加させてくれることでしょう。

　さて、本ケースにおいてRさんは商品の買い付けを兼ねて参加したと言っていますが、この点についてはP社として責任を取る必要はありません。

　ただ、ホテルが決まった旨の連絡をしたP社の担当者が、「三ツ星クラス」という表現をした点にはいささか問題があったのではないでしょうか。最高級レストランを「三つ星レストラン」と呼ぶことが一般化し、誤解を招くことがあります。そもそも、ホテルの「星の数」による格付けに、世界標準はなく各国、各都市独自のものです。旅行会社の海外ツアーのホテルグレードも各社独自のものです。

　三ツ星ホテルと一般に呼ばれるものは、中級ホテル、スタンダードホテルに分類されるもので、チェーンホテルなどの設備の整ったカジュアルなホテルからエコノミーホテルに近いものまで含まれているようです。出発前に十分チェックする必要があるのと、情報を持っている旅行会社はしっかりと事前に説明する必要があります。

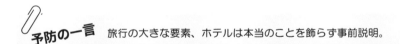予防の一言　旅行の大きな要素、ホテルは本当のことを飾らず事前説明。

episode 16　　　　　　　　　　　　　　　　　　　　　✈ インドネシア

2日連続客室ダブルアサイン事件

Sさんの旅日記

　私は近県に住んでいる妹夫婦と一緒に計4人で、毎年の正月休みは国内の温泉に出かけてのんびりと過ごしています。先日妹から電話で、「今年は海外の暖かいところに行ってみない？」という話があり、夫に相談したところ、「たまには海外もいいか」とすぐに賛成してくれました。どうせなら、人数がもっと多いほうが楽しいのではと思い、田舎に住んでいる兄夫婦も誘い6人での海外旅行がとんとん拍子にまとまりました。

　旅行の幹事役は私に任せるということだったので、近所のQ社の「お正月をバリ島で過ごす5日間の旅」12月30日出発に申し込むことに決めました。サヌール地区のホテルに滞在するコースで、空港・ホテル間の往復送迎と毎朝食がついているだけの内容でした。

　出発当日、成田空港からガルーダ・インドネシア航空の直行便は定刻に出発し、約7時間半の快適な空の旅の後、デンパサール国際空港に到着しました。出迎えの現地ガイドさんがQ社のツアー名と「S様ご一行様」と書いた紙を持って待っていました。ホテルにチェックイン後、ガイドさんに、翌日の島内観光のオプショナルツアーとガラディナーの予約とディナー券の購入をお願いしました。大晦日の夜だけは6人で特別ディナーを食べて元旦になるまで少し騒ぐのもいいかなと考えたのです。

　翌2日目は、オプショナルツアーに参加して、ウブドとゴアガジャ遺跡を観光しました。ウブドではウブド王宮を見学し、ウブド市場を散策し、お土産としてさまざまな雑貨類を購入しました。インドネシア料理のレストランで昼食をとった後は近郊のゴアガジャ遺跡の観光を楽しみました。

　楽しい観光とショッピングを終え、ホテルに戻り着いたのは夕刻の6時頃だったでしょうか。部屋に入ると、なんとそこには別のお客が入ってい

てのんびりと寛いでいたのです。すぐにフロントスタッフに抗議したところ、申し訳ございませんというお詫びの言葉はあったのですが、なんと私たちが別の部屋に移されてしまったのです。ホテルでは、そのお詫びとして今日のガラディナーに私たち夫婦をご招待させていただくということでしたので、一応は納得し、すでに購入していたディナー券を2名分だけ払い戻してもらいました。夕食時間になり6人揃ってレストランに行くと、今度は予約が入っていないと言われ、席がバラバラになるということでした。さすがに私も頭にきて、別のレストランに行き夕食をとりました。

　3日目も朝からオプショナルツアーの「レンボンガン島のマングローブの森見学とシュノーケリング」に参加しました。白い砂浜の先に広がる澄み切った海の底にはサンゴ礁とカラフルな熱帯魚がいて、初めてのシュノーケリングはすばらしいものでした。

　それからホテルに戻ったわけですが、なんと私の部屋にまたもや別のお客がいて寛いでいるではありませんか。すぐにフロントスタッフに抗議して、今度はその人たちに出て行ってもらいましたが、一度ならまだしも二度も同じ間違いをするなんてあまりにもおかしいと思いました。Q社はもともと6名の内4名分だけしか部屋を予約しておらず、そのためにホテルは私たちの部屋に毎日チェックインしてきた別のお客を入れたのだと疑わずにはおれませんでした。

　現地ガイドさんに連絡してその話をしたところ、ガイドさんからは「あくまでもホテル側のミスであり、決してQ社が部屋の予約を忘れたわけではありません」という説明がありました。

　翌日は夜行便で帰国するので、ホテルを夜の9時過ぎに出て、デンパサール国際空港に向かいました。飛行機は定刻に飛び立ち、成田空港には朝の9時少し前に到着し、兄や妹たちと近いうちの再会を約束して別れました。兄妹夫婦たちとの久しぶりの語らいはそれなりに楽しかったですし、バリ島の観光も満足のいくものでしたが、どうにもホテルの部屋の件だけすっきりしないまま私たちの旅は終わったのです。

旅行会社とのやりとり

　帰国しQ社から何らかの連絡があるかと思って数日待っていましたが、何の連絡もないので、Q社に電話したところ、「そのようなことが起きていたとはまったく知りませんでした。申し訳ございません。さっそく現地に連絡し調査します」と言われました。数日後にQ社から返事がありました。

> 　このたびはホテルのお部屋の問題では大変なご迷惑をお掛けし誠に申し訳ございません。現地に確認しましたところ、当時ホテルの予約システムがダウンし、部屋のコントロールが大混乱していたとのことでした。ツアー2日目のダブルアサインにつきましてはS様にお詫びとしてガラディナーをご提供しご了承いただいたとホテル側では申しております。しかし、その翌日もまた同様の間違いを起こしてしまい、ホテルとして責任者のお詫び状とともにホテルのギフトをお送りさせていただきます、と申しております。
>
> 　なお、ガラディナーにつきましてはディナー券をお持ちのお客様のみ入場できるもので、予約は承っておりません。S様は6名ご一緒での食事を希望され、お待ちすることなく別のレストランに行かれたと伺いました。申し訳ございませんでした。ご使用になられなかったディナー券につきましては払戻しさせていただきます。
>
> 　なお、現地手配旅行会社としては、ホテル側のお詫びでS様のご理解を得たと勘違いし、トラブルとしては解決したと思い、弊社に連絡を入れませんでした。そのため、S様へご連絡しなかったしだいです。
>
> 　つきましては、お詫びとして、ガラディナー券6名様分を返金するとともにお一人様あたり5千円をお支払いするということで、ご理解賜りたく、何卒よろしくお願いいたします。

　SさんはQ社からの申し出を了承し、ホテルからのお詫び状とギフトを受け取り、ケースクローズになりました。

コメント

　自分の部屋に他人がいるなんて思いもしなかったＳさんは本当に驚いたことでしょう。ホテルのコンピュータシステムが完全にダウンするなどということは、通常では起きえません。本当に不運でした。しかもそれが二度も続いたとなると、Ｓさんが疑心暗鬼に駆られるのも無理はありません。

　しかも、最初にダブルアサインが発生した際のフロントスタッフの対応も未熟に思われます。本来であれば先にチェックインしたＳさんに占有権（占有使用権）があるのですから、誤ってＳさんの部屋に入れた他のお客を別の部屋に移すべきです。しかも二度目のダブルアサインに関しては謝罪の言葉だけですませたというのもお粗末です。

　発生した事実だけを見れば、すべてはホテルのせいでＱ社にはまったく責任がない問題です。ただこのような場合に、現地旅行会社やガイドさんがお客様の不安や疑問を取り除いてあげないと、結局は本ケースのように企画旅行会社であるＱ社にトラブルの鉾先を向けられてしまいます。

　少なくとも二度目のダブルアサインの際、フロントスタッフがお詫びの言葉以外は何もしなかったことをＳさんから聞いて分かっていたはずですから、ガイドさんはホテルに抗議して、言葉以外のお詫びを提供させる必要がありました。また、ガラディナーについて席の予約ができない旨を伝えていなかったようです。ほんのちょっとしたことでも、別の問題が発生したときは、お客様の不愉快な気持ちを倍加させる結果になります。

　現地ガイドさんは、たとえ解決したと思っているトラブルでも、日本の企画旅行会社に報告するという体制だけは構築しておく必要があります。それができていれば、Ｓさんの帰国後、すぐにＱ社から連絡を入れることで、大きなクレームにはならなかったはずです。

ホテルのミスでも、ガイドはお客様の気持ちになって行動すること。トラブルは解決済みでも必ず報告。

episode 17　　　　　　　　　　　　　　　　　　　　　　✈ オーストラリア

客室の景観相違事件

📖 Tさんの旅日記

　私と夫は毎年正月休みを利用して暖かい国へ旅行しています。過去にはタイ、シンガポール、グアム、ハワイなどに行きました。今年は南半球のオーストラリアに行こうと思い、さまざまなパンフレットを見て、B社の「二つの世界遺産を見学するケアンズ5日間」に決めました。

　初日は夕刻に成田空港に集合し、約8時間のフライトで翌早朝ケアンズに到着です。日本との時差が1時間しかなく時差ぼけの心配はなかったので、機内ではとにかく十分に眠ることを心掛けました。

　ケアンズ到着後、さっそく世界遺産のキュランダ観光のスタートでした。高原列車に乗り、世界最古と言われるトロピカルな熱帯雨林を通り抜け、荘厳で美しい滝を通りすぎ、素晴らしいバロン渓谷を経由してキュランダ村に到着しました。

　そこでしばらく散策の時間があったので、マーケットでちょっとした手作りのものを購入したり、村のいたる所にあるかわいらしいベンチやごみ箱などのオブジェの写真を撮ったりして過ごしました。また、村内にコアラガーデンがあり、コアラを抱っこして写真を撮りました。生まれて初めてコアラを抱っこしてみましたが、あの小さい体のわりにはずっしりと重かったことと小さな手でギュッとしがみつくので腕が痛かったことが印象に残りました。

　その後、全長7.5 km、世界有数の長さを誇るスカイレールに乗り、360度の熱帯雨林の景観を満喫しながらケアンズに戻りました。そして宿泊予定のHホテルにチェックインしました。

　募集パンフレットでは、ホテルは三つの内から選べるとなっていて、そのなかのHホテルに関する説明としては、「吹き抜けのロビーには熱帯の

植物を配し、心地よい開放感とトロピカルムードに溢れており、客室は海の見える部屋（シービュールーム）をご用意します」と記載されていました。また、ホテルの全景や客室の写真も載っており、その写真を見るかぎりでは、部屋からしっかりと海が見渡せる素晴らしいホテルだと思いました。他の二つのホテルはHホテルより少し上のランクのように思えましたが、部屋に関してはとくに説明がありませんでしたので、私たちはHホテルに決めたのです。

　ところが、フロントでルームキーをもらい部屋に入ってみたところ、部屋からはまったく海は見えませんでした。ベランダに出てみると、斜め横のほうに海が少し見えるだけだったのです。パンフレットの記載のイメージとはずいぶん違い、残念な気持ちになりました。

　現地のガイドさんに言ったほうがいいかなとも考えましたが、翌3日目からもさまざまなところに出かける予定になっていて、一日中部屋で過ごすわけではないということと、楽しい旅の滞在中にもめるのも嫌だったので、とくに申し出ることはしませんでした。

　3日目はもう一つの世界遺産、グレートバリアリーフのグリーン島への船旅でした。グリーン島に到着後、グラスボトムボートに乗り、さまざまな熱帯魚やサンゴ礁を見て楽しみました。オーストラリアの世界遺産はスケールが大きく感動の連続でした。

　4日目は終日自由行動となっていましたが、現地のガイドさんから案内された「南半球でしか見られない幻想的な土ボタルと夜行性動物探検ツアー」に参加することにしました。巨大アリ塚の観察、ロックワラビーへの餌付け体験、野鳥観察、夜の熱帯雨林散策、土ボタル鑑賞、星空観測など盛り沢山な内容のエコツアーで、天候も良かったせいか十二分に楽しむことができました。

　5日目は朝食後空港へ向かい帰国するだけでした。全体として100点満点の満足できた旅行でした。ただ、ホテルの部屋の景観の件だけが、残念で心に引っかかっていました。

旅行会社とのやりとり

　帰国後、私はB社に電話を入れ、旅行自体はおおむね満足できる内容でしたが、部屋の景観に関するパンフレットの記載はおかしいのではないでしょうか、と言いました。しかし、B社の担当者は、「T様がお泊りになった部屋について、ホテル側はシービュールームとして位置づけていますので、何ら問題はないと考えております」と答えただけでした。

　私は納得できず、最初からあのような部屋しか提供できないのに、パンフレットで海が見える写真を使っているのは誇大広告であり許せない、慰謝料を払うべきだという旨の手紙を書きました。

　10日ほどたって、B社から、Hホテルの支配人からの手紙とともに、次のような返信がありました。

> 　このたび、T様にはせっかく弊社のツアーにご参加いただきながら、宿泊されたホテルのお部屋の件で不愉快な思いをされ、誠に申し訳なく思います。弊社では、さっそく現地に対し事実確認をしました。その結果、同封のホテル側からの説明にもありますとおり、T様がお泊りになられたお部屋は2階にあり、ベイビュールームとして提供されております。確かに低層階であり、やや見づらい面はあったかもしれませんが、パンフレットに掲載したホテルの全景写真からも分かるように、もともとハーバーフロントにあるホテルですので、T様が仰るような誇大広告にはならないと考えております。今回はT様、ホテル側、弊社それぞれの考え方の若干の違いから、ご満足いただける旅行にならず、誠に残念に思います。弊社としては、T様の不愉快な思いをされたことに対し、お一人様5千円の返金をさせていただきますので、これでご了承賜りたくよろしくお願い申し上げます。

　数度にわたる話し合いの結果、B社はTさんに対する返金額を多少上乗せして支払い、ケースクローズとなりました。

コメント

　B社はあくまでも自社に過失がないという考えで通していますが、果たしてそうでしょうか。パンフレットに載せたホテルの部屋の写真を見れば、そのような部屋に泊まれると思うのが一般の旅行者ではないでしょうか。

　では「海の見える部屋」(シービュールーム、オーシャンビュールームという場合もある)とはどういう客室を言うのでしょうか。一般の消費者の考えからすると、客室内から見える海の割合はともかくとして、相当程度海が見える状態を指すのではないでしょうか。いくらホテル側がシービュールームだと言っても実際に見えなければ意味がありません。

　また本ケースにおいては、ホテル側は低層階のベイビュールームと言っています。それをもってB社がシービュールームだと考えたのはあまりにも短絡的にすぎると思います。とくにオーストラリアの場合は、建物の形状ゆえにビーチに面しているホテルでも海が見えない部屋が比較的多く見受けられるようですので、注意する必要があります。

　旅行会社としては商品企画の段階で、実際にホテルの部屋を見るか、あるいは現地のツアーオペレーターを通して複数のフロアの客室からの眺望を撮影してもらうなどして、十分に確認する必要があります。その結果として、実際に手配する段階で、○○階以上の部屋に限定するという場合もありえるでしょう。それらを踏まえて、パンフレットへの記載内容や掲載する写真を決めなければなりません。

　そもそもTさんたちは、旅行自体はおおむね満足したと言っています。したがって、B社が初期対応の時点で、海がほとんど見えない客室を手配したというミスを認めて謝罪していれば、最初に提示した5千円を返金することで解決できたかもしれません。

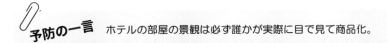 **予防の一言**　ホテルの部屋の景観は必ず誰かが実際に目で見て商品化。

episode 18　　　　　　　　　　　　　　　　　　　　　✈アメリカ

客室タイプ相違１年後発覚事件

📖 Uさんの旅日記

　私と夫は大のディズニーファンです。新入社員歓迎会の時、たまたま隣り合った彼とディズニーの話で盛り上がったのがきっかけで交際を始め、3年たってようやく結婚することになりました。「一生一度の結婚式はやはりディズニーで」と、東京ディズニーシーのホテル・ミラコスタで挙行することに決まりました。そして、ハネムーンはB社の「ニューヨークとディズニーワールド8日間」に決めました。

　ニューヨークでは終日市内観光がついていること、ディズニーワールドでは4大テーマパークすべてに1日何回でも入園可能なパークホッパー機能付きのチケットが宿泊日数分付いていること、ディズニー直営のSホテル宿泊が指定されていることなどがこのコースを選んだ理由です。

　ミラコスタでの挙式は予想どおり言葉では言い尽くせないほどの楽しいものになりました。ディズニーで結婚式をあげるという私の夢がとうとう実現できたのです。挙式の翌日、成田空港からニューヨークへ向けて出発しました。

　2日目は終日ニューヨークの市内観光を満喫し、3日目は地下鉄を利用しメトロポリタン美術館を堪能しました。午後の飛行機でいよいよディズニーワールドの空の玄関口、フロリダ州のオーランドに向かいました。

　約3時間のフライトでオーランドに到着し、そのまま宿泊予定のSホテルへ直行しました。建物の外観やホテル内の装飾など、まるでアフリカにいるような雰囲気のホテルでした。そして予想はしていましたが、部屋から外をのぞくと、キリンやシマウマなどの動物がすぐそばにいるのが見え、感動そのものでした。

　4日目からは、ホテルの傍にあるアニマルキングダムをスタートにマジ

ックキングダム、エプコット、ディズニー・ハリウッド・スタジオの4大テーマパーク制覇を目標に毎日動き回りました。相当に疲れていたはずですが、それを忘れさせてくれるほど最高に楽しい毎日でした。

あっという間に3日間が過ぎ、帰国日の7日目になってしまいました。

帰国後2日ほど休んで、その後は二人とも通常の仕事に戻りました。楽しかった旅行の写真を整理する暇もなく、月日が経っていきました。

このままではまずいと思い、ハネムーンのアルバム作りをしようと決心し、旅行から1年後のゴールデンウィークに写真の整理を開始したのです。参加したツアーのパンフレットに記載されている日程表を1日ごとに切り取ってアルバムに貼り付け、その日程どおりに写真を並べて貼ってゆくことにしました。3日ほどかかりニューヨークの写真の整理を終え、次にディズニーワールドの写真を貼っていったのですが、そこであることに気がついたのです。B社のパンフレットには、「ハネムーナーにはダブルベッドの部屋をご用意します」と書いてあったのですが、写真を見るとSホテルの部屋がツインベッドになっていたのです。

アメリカ・オーランドのホテルから見えるシマウマ（筆者撮影）

✉️ 旅行会社とのやりとり

私はさっそくB社に電話を入れ次のような話をしました。

「ディズニーで宿泊したSホテルの部屋タイプが違っていたことに、1年たって今、気がつきました。旅行があまりにも楽しく、とくに困ったこともなかったので、その時は気づきませんでした。ついてはツインベッドになった理由を説明して欲しいと思います。また、約束違反に対して何らかの補償をしていただきたいと思います。別途部屋の写真を同封したお手紙を差し上げます」。しばらくたってB社から、手紙が送られてきました。

> お客様から郵送されてきました写真は間違いなくSホテルの客室であることを確認しました。また、U様が参加されましたツアーのパンフレットも確認させていただき、ハネムーナーにはダブルベッドをご用意する旨の記載があったことも事実でございます。帰国後すでに1年経ってはいますが、いずれにしても大変申し訳なく深くお詫び申し上げます。
>
> また、ダブルベッドのはずがツインベッドの部屋になった理由として考えられることは、ホテル側のオーバーブッキングか弊社の手配ミスのどちらかが原因だということで間違いありません。しかしながら、すでに1年以上経過しており、原因を特定することはむずかしい状況です。ホテルの当時の予約担当者は転職しており、また弊社の当時の担当者も正確な記憶を思い出すことは無理だとのことでした。
>
> このような経緯から、弊社が手配ミスをした可能性を否定することもできません。従いまして、旅程保証制度における変更補償金相当額、ツアー代金の2%×3泊分をお支払いさせていただきますので、これでご了解いただきたいと思います。

Uさんは事情を了解してツアー代金の6%相当額を受け取り、ケースクローズとなりました。

コメント

　1年も経ってからこのようなクレームがきて、B社としてはさぞ驚いたことでしょう。また、Uさんも旅行中気がつかなかった程度ですから、ダブルベッドルーム確約という特典をそれほど重要視していなかったと思われます。そうでなければ、Sホテルにチェックインして部屋に入ったとき、さらに就寝するときに気づくはずです。

　旅行約款には「旅行者の責任」として、まず、旅行契約時点で契約内容に関する権利義務について理解するよう努め、次に、提供された旅行サービスが契約内容と異なると分かった時はすみやかに旅行地で申し出るようにと規定されています。本ケースに関して言えば、UさんがB社に旅行を申し込んだ時、ダブルベッドルーム確約となっていることを理解しておき、現地でホテルの部屋がツインルームだと分かった時点でその場で部屋のタイプが違うことを申し出てください、ということです。

　残念ながら約款の当該規定は旅行者の努力義務的なもので、旅行者がそれに違反したからと言って、旅行者の損害賠償請求権を無効にできるわけではありません。約款によれば旅行者から2年以内に通知があった場合、旅行会社は損害賠償を支払わなければなりません。つまり、Uさんは部屋の写真という証拠とともにクレームしてきたのですから、B社としては事実関係を調査して何らかの対応をする必要があったわけです。しかしながら1年以上過去のことですから調査には限界があり、原因が不明のまま変更補償金相当額の賠償をするしかなかったのでしょう。

　なお、旅程保証制度における客室タイプに関しては、原則としてツインで、夫婦あるいはカップルの場合はダブルベッドになる場合がある旨をパンフレットに記載しておけば変更補償金を支払う必要はありません。

予防の一言　パンフレット記載通りの旅行商品をきっちり造成。

column 3

お客様相談室ってなに？

　お客様相談室とは、一般企業のコールセンターと同様、お客様の相談やクレームを受ける窓口である。ただ、旅行会社に関して言えば、相談はほとんどの場合、旅行の申込みをした営業店舗の担当者が受けるため、もっぱらクレームに対応する部署ということになる。

　そのため旅行業法や旅行業約款、各種運送約款、パンフレット表示基準などに精通したスタッフが配置されている。また、スタッフにはお客様の気持ちが理解できる豊富な旅行経験、営業経験が求められている。

　お客様のクレームは旅行商品やサービスの不具合点を指摘している場合が多々あり、迅速に関連部署に連絡して改善することで自社の信頼性を高めるという重要な役目を担っているのがお客様相談室である。さらに、業務に関連する各種の法律や約款の改正などが行われた場合は、即座に社内に徹底するという社員教育も業務の範疇となっている。

　ただ、どちらかと言えば縁の下の力持ち的部署で、日々の業務はクレーム対応が主となる。中にはモンスタークレーマー的なお客様もいるので、相当にストレスがたまる業務と言える。そのため、ついつい会社を守るという気持ちが強くなり、約款規定などを盾に、お客様のクレームが正しいか否かだけで結論を出すこともある。しかし、それではお客様の本当の声を聴き逃してしまうことになる。

　したがって、お客様は決して旅行のプロではないという事を忘れず、一般消費者の常識という観点からお客様の声を聴き、迅速・誠実・的確な対応を心掛けるのがお客様相談室の在り方になる。そして、ロイヤルカスタマーを増やす最大の営業箇所であることも忘れてはならない。

第4章

ホテルでのトラブル

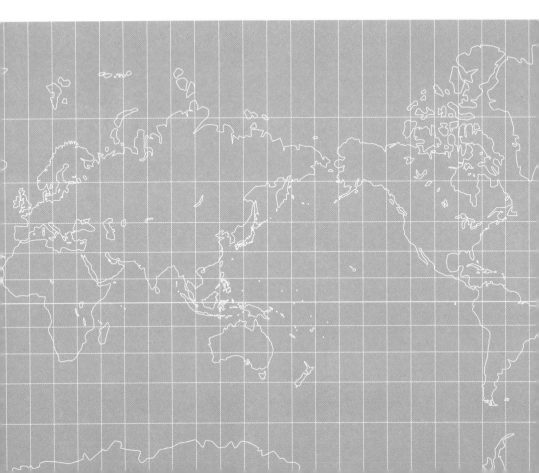

episode 19　　　　　　　　　　　　　　　　　　　　　　　✈ マレーシア

シュノーケリングできないホテル事件

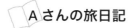 Aさんの旅日記

　私は夏休みを利用して、妻と小学5年になる息子と3人で海外旅行をすることにしました。妻はブランド品の購入や美味しい食事で楽しみたいという希望があり、また、3人共通でダイビングやシュノーケリングを楽しみたいと思っていたので、両方とも楽しめるコースはないかと、旅行会社のパンフレットを見ながら探し、I社の「デサルビーチとシンガポール6日間」コースに申し込むことに決定しました。

　パンフレットにはデサルビーチの紹介として、「美しい白い砂浜に覆われたリゾート」という記載があり、その横には非常にきれいな写真が載っていました。また、「ホテル主催の各種オプショナルツアーでお楽しみください」という記載とともに、5種類のオプショナルツアーの内容が簡単に書かれていました。そのうえ、「ホテルの主な施設」として、プールやフィットネスセンター、さらには、シュノーケリング、スキューバダイビング、ウィンドサーフィン、ジェットスキーなどのマリンスポーツができると記載されていました。ホテル自体もオープン間もない新しいもののようでした。私たちはそれを見て、楽しい夏休みになると確信したものでした。

　出発当日、成田空港を出発しシンガポールには真夜中に到着しました。入国手続き等を終え、出迎えの現地ガイドさんに会い、まっすぐシンガポール市内のホテルに向かいました。

　翌日は、ゆっくりと午前10時にホテルを出発しシンガポールの市内観光へと向かいました。その後はショッピングと美味しい食事で十分に楽しみました。翌3日目は、フェリーでほんの30分ほどのマレーシアのタンジュンブルンコールフェリーターミナルに向かい、そこで出迎えの車に乗り、デサルビーチのホテルへ行きました。

ホテルに到着し、滞在中の2日間をどう過ごそうかと思い、ホテルのスタッフにオプショナルツアーやホテルで可能なマリンスポーツについて相談しました。すると、オプショナルツアーは果樹農園見学ツアーとフィッシングツアーだけということでしたし、マリンスポーツについても、スキューバダイビングやシュノーケリングは実施していないと言われたのです。スキューバダイビングやシュノーケリングを希望するのであれば、ここから100 kmほど離れたところまで行かないとできないとのことでした。

　確かにホテル前のビーチは白い砂浜ではなく普通の黒い砂浜でしたし、透明度もさほど高くはないように見えましたので、あきらめるしかありませんでした。すぐにI社に国際電話を入れ文句を言ったのですが、I社のスタッフは「調査をして回答させていただきます」と言うだけでした。

　シュノーケリングで魚の観察をして夏休みの宿題にしようと楽しみにしていた息子は、明らかにがっかりしていましたが、取りあえずその日は果樹農園観察ツアーに参加しました。日本では見られない常夏の国の珍しいフルーツがいろいろとあって、それなりに楽しいものでした。

　翌日は一日中、ホテル内で過ごしました。外国人にはあまり知られていないせいか、宿泊客も少なくどこへ行っても貸し切り状態で、さらに大人用プールだけでなく子ども用プールもあり結構楽しめました。

　日本を発ってから5日目、今日は朝7時にはホテルをチェックアウトし、再びフェリーでシンガポールに戻らなければなりません。

　シンガポールには昼前に戻り、再び街へ出かけました。妻はウィンドショッピングを楽しみながら気に入った品物を探し、息子は友達へのお土産にとこまごまとした雑貨品類を探していました。シンガポール最後の夕食はグルメ雑誌で紹介されていたレストランで堪能しました。ホテルに戻り、フロントでI社から何かメッセージが残っていないか確認したところ、何の連絡も入っていないということで、それがいささか不愉快でした。

　6日目は早朝にチェックアウトし、帰国するだけです。飛行機は順調に飛行し、夕刻には成田空港に到着し、私たちの旅は終わりました。

旅行会社とのやりとり

　帰国翌日、私はＩ社に電話をし、「今回デサルビーチの旅行を申し込んだのは、貴社のパンフレットに書かれていたことを信じたからです。一番楽しみにしていたスキューバダイビングやシュノーケリングができないのであれば、何もこのコースにする必要はなかったのです。家族全員の期待を裏切りました。旅行代金全額を返金して欲しいと思います」と話しました。

　３日後の日曜日にＩ社の担当の課長が自宅に説明にやってきました。

　このたびは夏休みの家族旅行にもかかわらず、結果としてＡ様ご家族の楽しみを奪う結果になってしまい、誠に申し訳ございませんでした。また、パンフレットの記載に一部不適切な部分がありましたことにつきましてもお詫び申し上げます。

　ただ、Ａ様のご指摘に関する調査結果について申し上げますと、「白い砂浜」につきましては見解の相違があり、純白ではないかもしれませんが、表記上は問題がないと考えております。また、スキューバダイビングやシュノーケリングにつきましては、ご希望があれば他の会社のツアーをご紹介しております。Ａ様は非常に透明度の高い場所をご希望されましたので、遠いかもしれませんでしたが、別の場所を紹介させていただいたしだいです。

　なお、現地からの国際電話によるお申し出につきましては、ホテルの日本人スタッフに連絡し、お詫びと事情説明をするよう指示しております。

　当ツアーの企画にあたっては、現地ツアーオペレーターからの情報を参考にパンフレットを作成しました。その関係でやや誤解を与えた面があり、その点については深くお詫び申し上げます。つきましては、そのお詫びとご指摘に対する御礼としまして、お一人様１万円をご返金させていただきたいと思います。

　Ａさんは I 社の提案をしぶしぶ了承し、ケースクローズとなりました。

コメント

　本ケースで気になるのはパンフレットの表記内容です。「白い砂浜」という言葉に対する見解はさておき、横にきれいな写真を載せていたのでは、Aさんが純白のきれいな砂浜と考えてもおかしくありません。

　さらに、もともとさほど透明度が高くないビーチですから、「ホテルの施設として可能なマリンスポーツ」ということで、パンフレットに、スキューバダイビングやシュノーケリングを載せるのは無理があります。他の会社のツアーを紹介するということで代替してすむ話ではありません。また、オプショナルツアーについても実際には二つしかやっていないのに、五つと書いていました。おそらくＩ社は現地ツアーオペレーターの情報を鵜呑みにしてこの商品を企画したのでしょう。

　このホテルのようにオープン間もない新しい施設については、企画旅行会社は、複数の現地会社から、さらには直接その施設からも確認を取り企画に反映させる必要があります。できれば、企画旅行会社の社員が実際に行って体験するのが望ましいのです。

　いずれにしても、パンフレットの記載内容がＡさんに誤認を与えたのは確かであり、Ａさん一家がそれなりに旅行を楽しんだとはいえ、それでよいということにはなりません。

　もちろん、旅行代金全額返金というＡさんの要求は無理だと思いますが、夏休み時期のシンガポール方面の旅行代金を考えると、10万円を下回ることはないと思えますので、この返金額では少なすぎるような気がします。また、国際電話でのクレームに対し、しっかりと対応していないのは問題です。おそらく、Ｉ社の課長さんが直接Ａさんの自宅を訪問し真摯に謝罪したからこの結果で収まったのでしょう。

　新しいホテルや施設については慎重に現地確認しなくてはならない。絶対に許されない誇大表記、誤表記。

episode 20　　　　　　　　　　　　　　　　　　　　　　✈ インドネシア

ホテル特典表記間違い事件

📖 Bさんの旅日記

　正月休みは暖かいところでのんびりと、ちょっぴり贅沢に過ごしたいと思い、私は妻と小学6年生の息子、小学3年生の娘と一緒に家族4人で、海外旅行をすることにしました。数社のパンフレットを見ていろいろと検討した結果、Y社の「Sホテルのスイートルームに泊まるバリ島5日間」コースに参加することに決めました。このコースに決めた理由は、Sホテルのスイートルームご利用特典が気に入ったからでした。パンフレットには特典として次の7点が書かれていました。

　①<u>広々としたメインプールを無料で利用</u>、②滞在期間の朝食を無料で提供、③18：00までチェックアウト延長、④チェックイン時、お部屋にフルーツバスケットをお届け、⑤ウエルカムドリンク券プレゼント、⑥ホテル内のレストランで利用できる無料ワンドリンク券をプレゼント、⑦ミネラルウォーターを毎日お一人様につき2本提供。

　私は子どもたちに、「広々とした大きなプールで泳げるよ！」と話したところ、二人とも大喜びしていました。

　出発当日、成田からガルーダ・インドネシア航空のバリ島直行便は約8時間半の飛行時間でした。機内の座席は妻と子どもたちは3人並んで座り、私は通路を挟んで横に座るという形で、4人がばらばらに離れることなく座れるよう配慮してくれたY社にはありがたいと思いました。

　デンパサール国際空港に到着し、入国手続き後、出迎えの現地係員の方に会いました。そして、ヌサドゥア地区にあるSホテルまで送っていただきました。Sホテルはバリ島らしくふんだんに木を使っていて落ち着いた雰囲気のなかにも豪華さがあり、また私たちのスイートルームも予想以上に広くゴージャスで、これからの滞在が楽しみになりました。

翌日は比較的のんびりと起きて、朝食を取り、その後早速メインプールに行って泳ごうということになりました。泳ぐ準備をしてプールサイドに着いたところ、係員の方から、「子どもさんはこのプールで泳ぐことはできません。子ども用プールがあるのでそちらに行ってください」と言われたのです。子どもたちは当然がっかりしていました。私も出発前に、「広々とした大きなプールで泳げる」と広言した手前、ばつの悪い思いをしました。仕方なく、子どもたちを連れて、子ども用プールに行ったのですが、子ども用プールはあまりにも浅く、本当に小さな幼児用で、ほんの少しだけそこで遊んだだけでした。それからはホテルのプライベートビーチや広大なホテル内の散策で過ごしました。

　翌日は現地の旅行会社が実施している子ども向けオプショナルツアーを探して申し込むことにしました。シュノーケリングをさせて熱帯の海の生き物を観察したり、バリ島内のマングローブの森の生き物を観察するなどして、どうにか子どもたちの喜ぶ姿を見ることができました。また夕日が沈む頃、大勢の男性が円陣を組んで「チャ、チャ、チャ」と叫ぶなかでラーマヤナ物語を題材にしたバリ舞踊が演じられるケチャックダンスを鑑賞しました。子どもたちにとっては少し怖いような気味悪いような感じがしたようでした。もっともその後の夕食では、シーフードのバーベキューで普段食べることのないほど大きなロブスターを夢中になって食べ、大満足のようでした。

　3日目は、バトゥール湖とバトゥール山の景色がとてもきれいなキンタマーニ高原まで行ったり、バロンダンスを鑑賞するなどして、まったく異次元の別世界にいるような気持ちにさせられました。

　それやこれやでどうにか楽しく過ごすことができ、4日目の夜にはもう帰国する時間になりました。飛行機は真夜中にバリ島を飛び立ち、翌日の朝には成田空港に到着しました。子どもたちは十分に満足して無事に帰国したわけですが、これで広々したプールを楽しむことができたら本当に最高の旅になったのにと思われ、それだけが残念でした。

旅行会社とのやりとり

　帰国後、私はＹ社の担当者に、「どうしてメインプールを子どもが使えないということを教えてくれなかったのか。プールの件は、パンフレットの特典の第一に書かれており、子どもが利用できないとは記載されていない。そのために子ども向けのオプショナルツアーに参加させるなど余分な費用がかかった」とクレームしました。担当者は「事情を調べて改めて連絡します」と言いましたので、しばらく待つことにしました。

　数日後、Ｙ社から以下のような内容の手紙が届きました。

> 　このたびはＢ様に、ご滞在ホテルのプールの件で、ご不快な思いをさせ誠に申し訳ございません。
> 　弊社では当該商品の企画にあたり、Ｓホテルに、「スイートルームを利用した場合どのような特別サービスを受けられるのか」と問い合わせした結果として、同ホテルからの回答をそのまま募集パンフレットに記載いたしました。
> 　弊社としましては、メインプールについては子どもの利用ができないということであれば、Ｓホテルが弊社に連絡してくるべきであると考えております。しかし、誠に遺憾ながら、弊社にそのような連絡はなく、子どもも大人と同様のサービスが提供されると考えたことに落ち度があったとは思っておりません。
> 　この件につきましては、現在Ｓホテルの支配人よりＢ様宛のお詫び状を作成するようホテル側に要求しております。それが届き次第、弊社よりＢ様宅に直接お届けさせていただきますので、それをもってこのたびのお詫びとさせていただきたく、ご理解いただきたいと思っております。

　一週間ほどたって、Ｙ社はお詫び状とホテルからの記念品を持ってＢさん宅を訪れ、そのままケースクローズになりました。

コメント

　子どもが利用できない施設があるということは、Ｓホテルから連絡がないかぎり分かり得ないというＹ社の主張については、それなりに理解できます。また、「子どもたちがメインプールに入れなかったからオプショナルツアーに参加しなければならず、余分な費用がかかった」というＢさんの主張にはいささか無理があります。たとえメインプールを子どもたちが利用できたとしても、毎日それだけで過ごすとは思えないからです。

　しかし、ホテルに付随したプールとか、マリンスポーツ施設、遊具施設、スパなどの一部には子どもや幼児、高齢者は利用できないものが確かにあります。一般的な基準によるものであれば問題ありませんが、さまざまな年齢層が参加するパッケージツアーにおいては、それら一つひとつを確認し、パンフレットに記載するなどのきめ細かな配慮が必要になってくるかもしれません。お客様は、それを楽しみに高額の旅行代金を払って参加することがあるからです。

　それとは別の話になりますが、本ケースにおいてＹ社がパンフレットに「広々としたメインプールを無料で利用」などを「特典」として記載したことには問題があります。今回の特典内容は、あくまでもＳホテルからのサービス提供であり、Ｙ社のツアー参加者に限らず、Ｓホテルのスイートルーム宿泊客全員に適用されるものだからです。

　そもそも「特典」という表示は景表法上、景品として提供するものに限定されています。景品と判断された場合は、金額に換算するとその許容基準を超えている可能性がありますし、実際にＹ社が提供するわけではありませんので、不当表示の問題も出てきます。企画旅行会社は、パンフレット作成にあたり常に細心の注意を払わなければなりません。

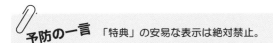予防の一言　「特典」の安易な表示は絶対禁止。

episode 21　　　　　　　　　　　　　　　　　　　　✈ ハワイ

子ども用プール工事中事件

📖 Ｃさんの旅日記

　私は夏休みを利用して、妻と小学３年生になる娘の家族３人で、ハワイでのんびり過ごそうと思い、Ｙ社のハワイのパンフレットを見て、「ホテルが選べるマウイ島６日間」がホノルルと違って本当にのんびりできそうだと思い、自宅の最寄り駅近くにある旅行会社のＰ社に申込みました。

　このパンフレットのなかに各ホテルの詳しい説明があり、「小さなお子様が一緒ならＳホテルがお薦め！　おしゃれな子ども用プールもあります。ホテルライフをご満喫ください」と書かれているのを見て、Ｓホテルに宿泊することに決めました。娘もこの話を聞いて、早く夏休みになればいいのに、と大はしゃぎでした。

　出発10日前頃には旅行の最終案内書が送られてきましたので、集合時間に合わせて成田エクスプレスを予約し、Ｐ社でチケットを受け取り、準備万端で出発日が来るのを待ちました。

　当日は朝から妻も娘もるんるん気分で、気持ちはすでにハワイにいるような感じでした。成田エクスプレスの出発時間に余裕を持って間に合うよう少し早めに家を出て、予定通りの時間に成田空港に到着しました。そして指定された受付カウンターに行き、係員から説明を受けました。その後、チェックイン手続きや出国手続きなどを終え、飛行機に乗りました。

　機内では夏休みのせいか子ども連れのファミリー旅行客が多く、最初は少しうるさすぎる感じでしたが、夜便のため皆比較的早く眠ったようで、直ぐに静かになりました。もちろん私の娘もすやすやと眠っていました。

　マウイ島へは日本からの直行便がありません。飛行機は約７時間でホノルル国際空港に到着し、ハワイの入国手続き後、Ｙ社の現地係員の方が乗り継ぎの案内をしてくれましたので、スムーズに国内線に乗り換えること

ができました。約50分のフライトでマウイ島のカフルイ空港に着きました。そこで出迎えの現地係員の方に会い、カアナパリ地区のＳホテルまで送っていただきました。Ｓホテルは外観もロビーもとてもゴージャスで、これからの滞在が予想以上に楽しめそうな気がして嬉しくなりました。

　しかし、チェックインして分かったのですが、子ども用プールが工事中で私たちの滞在中は使えないとのことだったのです。当然娘はがっかりでした。出発直前にＰ社の担当者に再確認したとき、間違いなく大丈夫ですと言われていましたので、ホテルのマネジャーに抗議しましたが、ホテル側としてはどうしようもないと言われてしまいました。

　ホテル側は、今回の子どもプール工事期間については、事前に日本の旅行会社に通知していると言いました。マネジャーは気の毒に思ったのか、私たちに当日の昼食券を提供してくれましたが、とてもそれでは気分が収まりませんでした。取りあえず部屋に入って、3人でいろいろと話した結果、せっかくマウイに来たのだからこれから丸4日間できるだけ楽しもうと気持ちを切り替えることにしました。

　もちろんのんびりするのが一番の目的でしたから、翌日からは、朝はゆっくりと起き、テラスで目の前の海を眺めながら朝食をとるのを一日のスタートにしました。そしてホテル内の広い敷地を散策したり、時には、サトウキビ列車に乗車しのんびりと流れる景色を楽しみながら、かつてのハワイ王国の首都であったラハイナの街まで出かけました。

　サトウキビ列車は子どもだけでなく大人も十分に楽しめるものでしたし、捕鯨船の港として栄えたラハイナは現在国立歴史保護地区になっているということで、ノスタルジックな雰囲気の素敵な街でした。またある日はホテルの有料キッズプログラムに参加して、ビーチで遊んだりフラダンスを習ったりなどで、娘も十分に楽しんでいました。

　何とか3人ともマウイ島での優雅でのんびり過ごす夏休みに満足して無事に帰国しましたが、これでプールを楽しむことができたら最高の旅になったのに…、とそれだけが残念でした。

第4章　ホテルでのトラブル

旅行会社とのやりとり

　帰国後、私はP社の担当者に、どうして子ども用プールが工事中で使えないということを教えてくれなかったのか、とクレームしたのですが、残念ながら明確な回答をもらえませんでした。そこで私は、企画会社のY社に明確な回答を求める次のような趣旨の手紙を書きました。

　①Sホテルから貴社に対して、子ども用プールの工事に関する連絡が来ていたかどうか。②もし連絡が来ていたのなら、それを販売店であるP社に連絡したかどうか。③このコースを選んだ理由の一つは、子ども用プールが使用できると貴社のパンフレットに書かれていたからである。それに対してどのように責任を取ってくれるのか。

　しばらくして、Y社から以下のような内容が書かれた手紙が届きました。

> 　このたびはC様ご家族の期待感を喪失させる結果になってしまい誠に申し訳ございませんでした。深くお詫び申し上げます。
>
> 　さて、今回のプール工事につきましては、確かにSホテルより事前に案内が来ております。弊社では、その旨の通知を現地からの最新情報の一つとして、提携しているすべての販売店に対してまとめてメールで流しております。本来であれば、P社の担当者がそのような最新情報を確認したうえで、お客様に対応すべきだったと思われます。しかし弊社としましても、その徹底が完全ではなかったと反省しているところでございます。なお、この種の申し出は通常販売会社、すなわち今回の場合はP社が責任を持って対応し、企画会社である弊社が対応しないのが原則となっております。
>
> 　しかし、このたびは直接弊社にお申し出があり、お子様が残念な思いをしたことを考慮し、お一人様3000円をご迷惑料としてお支払いさせていただきたいと思います。ご理解を賜りたいと思います。

　Cさんは、Y社の提示額について納得し、ケースクローズとしました。

コメント

　Cさんご家族、とくに子ども用プールに入れなかった娘さんの気持ちは十分に想像できます。その結果として、おそらくCさん夫妻もプールの利用は遠慮したのではないでしょうか。それでもいろいろな方法でマウイ島の休日をどうにか楽しめたようでひと安心です。

　さて、今回の工事中で子ども用プールが使えないというデメリット情報について、Y社はP社に連絡しているわけですから、一応は企画会社としての責任を果たしていることになります。

　問題は、提携販売店であるP社の担当者がその情報を見ていなかったのか、あるいは見てはいたがCさんに伝えるのを失念してしまったのかは分かりませんが、<u>伝えなかったことに起因して発生しています</u>。しかし、そのミスの責任を販売店に負わせるというのはいかがなものでしょうか。

　さらに、パンフレットで、「小さなお子様が一緒ならSホテルがお薦め！おしゃれな子ども用プールもあります。ホテルライフをご満喫ください」とまで謳っているのです。Sホテルの子ども用プールが使用できないのが分かった時点で、Y社は企画会社の責任として、他の子ども用プールがある同レベルのホテルを手配しお客様に事前に説明しホテル変更を促すとか、近くにある他のホテルの子ども用プールを使用できるようにするとか、対応するべきことがあったように思われます。

　たかが子ども用プールがという思いが、企画会社にも販売店にもあったのではないでしょうか。<u>海外家族旅行は子どもとの思い出をつくるためのものでもあります</u>。反省する必要がありそうです。

　Y社の提示した迷惑料で解決できたのはCさんの人柄によるものが大きかったように思われます。

 旅行の目的を知るところから始めよう。その気持ちに応えたいという思いがミス撲滅。

第4章｜ホテルでのトラブル

episode 22　　　　　　　　　　　　　　　　　　　✈ スペイン

セイフティボックス内現金窃盗事件

📖 Dさんの旅日記

　世界遺産が大好きな私は、1年に1回は海外旅行をしてさまざまな世界遺産を実際に目で見て写真を撮ることを趣味にしております。今年は友人3人を誘い、世界遺産の数でトップクラスを誇るスペインに行くことにし、P社の「スペインハイライト10日間」というコースに申し込みました。

　出発当日は京成日暮里駅で待ち合わせ、4人そろって成田空港へ向かいました。初日は成田空港からフランクフルト乗り換えでバルセロナまでの空の旅です。バルセロナにはほぼ定刻に着き、ホテルに直行しました。

　2日目は、ガウディの作品としてあまりにも有名なサグラダファミリアやカサパトリョ、建築家ドメネクのカタルーニャ音楽堂やサンパウ病院などの世界遺産を堪能した興奮の一日でした。

　3日目は、タラゴナに向かい、世界遺産である円形競技場やラス・ファレラス水道橋を観光した後、バレンシアへ、やはり世界遺産である15世紀の絹の取引所ラ・ロンハ・デ・ラ・セダを見学後、ホテルに入りました。

　4日目は、グラナダの観光です。アルハンブラ宮殿やアルバイシン地区などの世界遺産を見学しました。夜は本場のフラメンコショーを鑑賞し、その後アルハンブラからの夜景にうっとりしました。

　5日目は、セビリアの観光です。セビリア大聖堂やヒラルダの塔、アルカサルなどの世界遺産を観光した後、コルドバに向かいました。

　6日目は、旧市街全体が世界遺産になっているコルドバ歴史地区の観光をし、その後トレドに向かい、伯爵邸を改装した国営ホテル、パラドール・デ・トレドに宿泊しました。テラスから見るトレドの街は最高でした。

　7日目は天然の要塞都市として街全体が世界遺産となっているトレド歴史地区でトレド大聖堂を中心に散策し、マドリードへ向かいました。

マドリードのホテルに到着し、部屋のキーをもらう前に添乗員さんやガイドさんから、「マドリードではスリや置き引きが多いので、部屋に備え付けのセイフティボックスは有料ですがそれを借りることをお勧めします」と強く勧められたので、私の部屋の一個だけ借り4人全員分のパスポートや現金を入れることにしました。

　翌8日目はマドリードの市内観光でした。その日のハイライトは何といってもプラド美術館の見学で、ゴヤやベラスケスの名画をじっくりと鑑賞しました。そして午後はバスで郊外のセゴビアの観光でした。

　再びマドリードのホテルに戻り、部屋に入ろうとしたところどうしてもドアが開きませんでした。添乗員さんやホテルの従業員を呼び、私の部屋がたまたまコネクティングルームだったので、隣りの部屋から入って内側のドアロックを解除してもらい、ようやく部屋に入ることができました。

　部屋の中を見るとセイフティボックスのドアが開いており、中はパスポートだけで4人分の現金52万円が全額消えていました。さっそく警察を呼んで調べてもらったところ、隣室から入り、セイフティボックスの側面に穴をあけてロックを解除し現金を盗んだ後、部屋のドアを内側から細工して簡単には部屋に入れないようにし、再び隣室から逃げたとのことでした。私はさっそく添乗員さんを通して、ホテル側に補償を要求してもらいました。

　9日目は昼ごろの飛行機で帰国するだけの日程でしたので、ホテル側の回答を待ちました。その結果は、有料セイフティボックスの所有者である会社の補償限度額は2500ユーロ（約32万円）であり、私が借りる際にサインした借用書にその旨記載しているので、それ以上は払えないということでした。それではまだ20万円ほども足りません。

　そこで、添乗員さんや現地旅行会社の責任者の方と話し合いをしたところ、取りあえずお見舞金として300ユーロ（約4万円）を頂戴しました。帰国の飛行機まで時間がなかったため、これ以上は日本に帰ってから話そうと思い、帰国の途に就きました。

旅行会社とのやりとり

帰国翌日、私はP社に、「このお金は、最後のショッピングや空港の免税店での買物に使おうと思って、最後まで取っておいたものです。それなのに、添乗員や現地ガイドが強く勧めたセイフティボックスで問題が発生したのです。また、現地でセイフティボックスを借りる際、補償についての説明は何らありませんでした。したがって不足分の16万円については御社が責任をもって支払っていただきたいと思います」と連絡しました。

それから1週間ほどして、P社より次のような手紙が来ました。

> このたびは大変お気の毒な思いをされましたこと、誠に遺憾に思います。
>
> ただ、D様にお泊りいただいたホテルは多くの日本人の方にお泊りいただいている正式な営業許可を持ったホテルでございます。今回のような窃盗事件は過去に一度もなく、このようなことが発生するとはまったく想定外でした。
>
> さらに、貴重品や現金等につきましては安全管理上添乗員がお勧めするのは当然のことでございます。使用に当たってはお客様から質問があればお答えすることで良いと考えております。
>
> しかし、実際に被害に遭われた場合は、それに対応するのが旅行会社としての責務と考えており、今回も現地旅行会社を通じ、ホテル側に厳重に抗議した結果、最高限度額の補償を得たのでございます。
>
> D様にはそれでもご納得いただけないようでしたので、再度ホテル側に交渉してみますが、これ以上の回答が得られなかった場合はご容赦願います。

その後、P社の営業責任者がDさん宅を訪問し、ホテル側からの謝罪の書面と、追加のお見舞金としてお一人1万円を支払い、ケースクローズとなりました。

コメント

　ツアーの最初の時点でこのようなトラブルが発生しなくて本当に良かったと思います。同じ内容でも、最初にこのようなトラブルが発生すると、旅行を楽しむ気持ちが半減するでしょう。その点では、Dさんの旅日記を見ると、8日目、つまり観光で楽しむところはすべて終わっており、大好きな世界遺産も十二分に堪能されたようですので、不幸中の幸いと言ったところでしょうか。

　さて、本ケースではP社にこれといった落ち度はなかったと言えます。ホテルの選定上も、添乗員としての安全管理上の助言もこれで十分です。もしもDさんが語学上の問題でセイフティボックスの借用書の内容を理解できなかったのであれば、サインする前に添乗員に聞けばよかったのです。また、借用書にちゃんと目を通し補償限度額が明記されていたことを確認してもおそらくサインされたのではないかと思います。諸外国においてする「サイン」は日本でいうところの「書類に実印を押す」ことと同じです。Dさんにその意識があったかどうかは別としても、サインをした以上限度額しか補償されないでしょう。

　ただ、外国語を理解できず、またサインの重要性を認識していない日本人が相当数いるのも厳然たる事実です。したがって旅行会社としては、海外においてクレジットカードをはじめとして各種の書類にサインする際には十分に注意するよう、また分からないことはサイン前に確認するよう心掛けることを適宜インフォメーションとしてお客様にお声がけすることが肝要だと思います。しかし、安全であるべきセイフティボックスが壊され盗難に遭うなどおよそ考える人はいないと思いますが、"何が起きるか分からない"それが海外旅行です。

予防の一言　海外旅行中、「サイン」をする場面では、もう一度確認を案内するのが添乗員の業務。

episode 23　　　　　　　　　　　　　　　　　　　✈ トルコ

ホテル客室暖房機出火事件

📖 Eさんの旅日記

　私たち夫婦は毎年12月のクリスマス時期に海外に出かけ、年末か年始にかけて帰国するという形で旅行を楽しんでいます。そして旅行先から夫婦共通の友人にクリスマスカードを出すことを最大のイベントと考え、毎年欠かさず実施してきました。今年は二人で検討の結果、G社の「トルコ周遊10日間の旅」に参加することに決めました。

　今回選んだG社のコースは、往復直行便利用、全食事付き、毎日がバス観光で自由行動なし、しかも添乗員付きということで、50枚のクリスマスカードを書く時間が十分に取れると確信したからです。

　初日は午前中に成田を出発、13時間弱のフライトでイスタンブールに到着し、入国手続きをすませました。その後、国内線に乗ってトルコの首都アンカラまで行きました。

　2日目の午前中はアンカラ市内を見学し、その後ボアズカレに行き、世界遺産ハットゥシャシュ遺跡を観光しました。観光終了後はバスでカッパドキアに移動してホテルに入りました。明日の夜からできるだけ多くのクリスマスカードを書こうと思い、ホテル内のスーベニアショップで写真が入った数種類のポストカードを合計で50枚ほど購入しました。

　3日目は、待望の世界遺産カッパドキア観光です。スリーシスターズという細長い3本のキノコ状の岩、ピンク色の奇岩が広がるローズバレー、ギョレメ野外博物館などの見学でした。その日の不思議な光景の感動が脳裏を離れないうちにと思い、夜は一生懸命クリスマスカードを書きました。

　4日目は、カッパドキアのもう一つのハイライト、カイマクル地下都市の観光から始まりました。その後、コンヤへ、さらに宿泊地のアフィヨンに到着しました。結構ハードな一日でした。

5日目は、バスでパムッカレを経由しイズミールへ。夜はホテルでクリスマスカード書きに精を出し、ようやくすべて書き終えました。

　6日目の朝食後ガイドさんに会い、クリスマスカードの投函をお願いしました。この日はバスで、世界遺産トロイ遺跡を観光し、チャナッカレまで行ってって泊まりました。

　出発して6日も経ったので、その日の夜は下着などのちょっとした衣類を洗濯し、暖房機の傍で乾してベッドに入りました。その夜、あの事件が起きたのです。深夜、何かおかしいと思い起きたら、部屋の暖房器から出火していたのです。私はあわてて飛び起き、毛布で火を消そうとしました。妻も起きて傍にあったペットボトルの水をかけましたが火は消えず、私はバスルームに行きそこにあったゴミ箱に水をたっぷりと入れ暖房機にかけました。2回ほど水をかけてどうにか消し止めることができました。

　このまま部屋を使える状態にはなかったので、私はフロントに電話し部屋を交換してくれるよう話しました。フロントのスタッフもすぐに様子を見に部屋まで来てくれましたが、いかんせん真夜中であり、しかも当日は満室ということで交換できる部屋はないと言われました。そこへちょうど同宿している現地ガイドさんが来てくれ、部屋を交換してくれることになりほっとしました。

　しかし、そのことが原因で、妻は体調を崩してしまいました。ガイドさんに頼んで観光途中に病院へ立ち寄ってもらい診てもらいました。お医者さんの話では、ただの風邪ということでした。

　旅は終盤となり、バスでイスタンブールへ、市内のホテルに宿泊しました。翌日になっても妻の体調はあまり良くならず、仕方なく妻はホテルで休んでいることにし、私だけイスタンブールの市内観光に参加しました。

　9日目は最後の観光をして空路帰国することになっていました。妻の体調も少しは良くなったので、朝から一緒に動くことができました。イスタンブール観光の目玉の一つブルーモスクや、アヤソフィアを十分に堪能した後、午後の成田直行便で帰国しました。

第4章　ホテルでのトラブル

旅行会社とのやりとり

帰国後しばらくたって、私はG社に次の内容の手紙を書きました。

チャナッカレのホテルの暖房機はまったく暖まらないものでした。また、暖気の吹き出し口がプラスチック製だったことが、出火の原因です。あのようなホテルを使用したことに責任を取って欲しい。また私は恒例の一大イベントであるクリスマスカードの投函を現地のガイドさんにお願いしたのですが、帰国して２週間以上たった現在でも、いまだに誰にも届いていない。すべて貴社に責任があると思いますので、相応の補償を要求します。

その後８日ほどたって、G社から次のような内容の回答が届きました。

> 　旅行中のご夫妻の苦痛に対しまして、心よりお見舞い申し上げます。
> 　さて、お申出内容につきましてさっそく調査しましたところ、暖房機につきまして、当該ホテルでは過去に同様な事故はなかったために、外部の技術者に依頼し調査した結果、暖房機の吹き出し口に濡れたものが置いてあったせいで通気口がふさがれ、暖風が封じ込められたために内部のフィルターを焦がし、故障するとともに今回のボヤ騒ぎにいたったと考えられます。
> 　これはお客様の誤った使い方によるもので、本来ならば暖房機を損傷させた責任として損害賠償請求することも可能ですが、今回はそのようにするつもりはないとのことです。したがって、本件事故は弊社の責任となる問題ではないと考えております。
> 　次にクリスマスカードの件ですが、現地ガイドは間違いなくホテルに投函依頼をしたと申しております。届くのが遅いのはトルコの中央郵便局の問題である、と言ってきました。
> 　弊社としてはお見舞金としてお一人様５千円をお支払いさせていただきますので、ご理解を賜りたいと思います。

G社はお見舞金を多少上積みして支払い、ケースクローズとなりました。

コメント

　ホテルの部屋での出火、ボヤですんだことは不幸中の幸いでした。大きな火事になったら大変なことでした。

　ある程度長旅になるとどうしても旅行中に洗濯をせざるを得ず、特に冬の寒い時期は乾きが遅いのでＥさん夫妻のように暖房機の傍で乾かすことも多いのではないでしょうか。しかし、暖房機の送風孔に直接洗濯した物を置くと、本ケースのような問題が発生するのは、少し考えれば誰でも分かることではないでしょうか。その点でボヤ騒ぎはＥさん夫妻の不注意に起因すると言わざるを得ません。

　添乗員の行動は不明ですが、深夜のボヤ騒ぎのなか、同宿だった現地ガイドが部屋を交換するなど旅行会社側としてはとても良い対応をしていると思います。出火原因が分かっていない以上、Ｅさんももう少し謙虚に本件を考えてくれればと思いました。とはいえ、<u>旅行中はお客様を悪者にしたくありません。その対応がかえってクレームに繋がってしまうのかもしれません。</u>できれば、この時点で出火の原因がある程度分かっていれば、Ｅさんへの旅行中の対応も違っていたのかとも考えます。

　また、クリスマスカードの件も、ガイドの回答に嘘はなく、やはりトルコの郵便事情によるものでしょう。一般論としても、遅れることや稀に届かないこともあります。とくに今回は年末だったということもあり、このような状態になったのではないでしょうか。

　全体的に考えると、まったく支払う必要性がないケースだと思われますが、お客様への配慮として多少のお見舞金を支払うのは旅行会社の宿命かもしれません。ただ、本クレームは、ご夫妻にとり大切なクリスマスカードの件から発生している気がします。

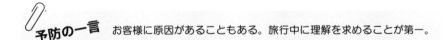 **予防の一言**　お客様に原因があることもある。旅行中に理解を求めることが第一。

episode 24　　　　　　　　　　　　　　　　　✈ ニュージーランド

偽りのファームステイ事件

📖 Fさんの旅日記

　群馬県に住んでいる私たち一家は動物が大好きで、しょっちゅう車であちこちの動物園を訪れています。そして、動物園の可愛い動物を見れば見るほど、実際に触れてみたいという気持ちになります。娘が小さかった頃は、実際にウサギを抱っこしたり、ポニーに乗せたものでした。その娘もはや小学4年生になり、さすがにポニーに乗ろうとは言わなくなりましたが、何か機会があれば、海外に行って実際の農場体験をさせてあげたいと思っていました。

　そんな時、たまたま新聞でQ社の「ニュージーランド・カントリーライフ7日間」という広告を見て、旅行代金がかなり安かったこともあり、さっそくパンフレットを取り寄せました。パンフレットによれば日程は、2日目から4日目は、オークランドやロトルアの観光で、5日目から2日間、憧れのファームステイが楽しめるということでした。たった2日間とはいえ本物の牧場生活を過ごせることがものすごく気に入り、さっそくQ社に申し込みました。

　出発当日、成田空港には集合時間に十分余裕を持って到着し、受付をすませました。このツアーの参加者は10名ということでした。添乗員は付かないツアーでしたので、私たちは係の人の説明どおりに出国手続きなどをして、搭乗ゲートに向かいました。飛行機は予定通り出発し、11時間弱の空の旅を楽しみ、オークランドに到着しました。

　到着後は現地のガイドさんの出迎えを受け、さっそく市内観光に入りました。ハーバーブリッジからの景色や歴史遊歩道として景観保存されているパーネル通りの散策がとても印象的でした。

　3日目は朝食後、バスでワイトモへ向かいました。さっそくワイトモ洞

窟に入り土ボタルを鑑賞しました。その幻想的な青白い輝きは今までに見たことのないもので、まさに感動のひと時でした。近くのレストランでの昼食後ロトルアに向けて出発し、ロトルアに到着後、テ・プイアの大間欠泉、ポフツ・カイザーを見学しました。夕食はディナー・ショーになっていて、マオリのダンスショーと伝統料理ハンギを食べました。

4日目は、ロトルア博物館を見学しました。マオリの歴史もなかなか興味深いものでしたが、屋上から見たロトルア湖の眺望も素晴らしいものでした。

翌5日目からは、今回の旅行で一番楽しみにしていたファームステイの始まりでした。私たちと東京から来た女子大生の3人組、計6人一緒で一つのファームに行きました。しかし、ガイドさんに案内されたのは普通の民家だったのです。その家はおばあさんが一人で暮らしているだけでした。そこでいろいろと話を聞いたところ、子どもは全員都会に出て行ってしまい、ご主人が亡くなってからは土地も動物ごと他人に貸していて、今はまったくノータッチだとのことでした。

外を散歩してみるとすぐ隣りには牛や羊が放牧されている様子が見えたので、おばあさんに牛の乳しぼりを体験したいとお願いしたのですがダメでした。2日間とも食事は冷凍食品と缶詰ばかりで、牧場らしいものは何一つありませんでした。ただ2日目には乗馬ができる場所に連れて行ってくれると言われ、喜んで出かけました。しかし、着いたところはサーカス会場のようなところで、入場料を払ってホースショーを見ただけでした。ショーが終わった後中庭で希望者だけ馬に乗れたのですが、引き馬で狭いところを一周しただけで、乗馬とはほど遠いものでした。その後おばあさんが案内してくれたのも、動物がほんの少しいるだけの子どもだましのような小動物園でした。

私たちは、そもそもこの2日間のファームステイが主目的でこのツアーに参加したのです。それを裏切られた悔しさと残念さでいっぱいのまま、帰国しました。

旅行会社とのやりとり

　私は、あまりにもチラシの広告内容と実際とが違いすぎ、一番の楽しみにしていたダイナミックな牧場生活がまったくダメになったことに対して、責任を取って旅行代金を返金して欲しいと思い、Q社に電話しました。

　Q社は、「お気持ちはよく分かりました。さっそく調査して後日回答させていただきます。4〜5日お待ちください」とのことでしたので、待っていたところ、5日たってQ社から手紙が届きました。それには次のことが書かれていました。

> 　このたびはせっかく弊社のツアーにご参加いただいたにもかかわらず、大変なご不快をお掛けしましたこと、誠に申し訳ございません。
> 　しかしながら、弊社のパンフレットをご覧になっていただいてお分かりのとおり、このツアーは2日間のファームステイ以外は普通のニュージーランド北島の観光コースになっております。またパンフレットには、ファームステイをお楽しみくださいと書かれておりますが、ファームステイの具体的な内容についてはとくに記載しておりません。大変失礼ではございますが、F様のファームステイに対する期待や思い込みが強すぎたのではないでしょうか。
> 　旅行後のお客様アンケートによれば、実際にF様ご一家と同じファームにステイした東京の女子大生の方々は十分に満足して帰国しておられますし、過去にもこのようなクレームはございませんでした。
> 　したがいまして、弊社としましては遺憾ながらこのたびのF様からのお申し出にはお応え致しかねます。誠に恐縮ではございますが、ご理解くださるようお願い申し上げます。

　その後2度ほどのやり取りをへて、Q社がFさんに多少のお見舞金を支払うことでケースクローズとなりました。

コメント

　Q社が言うとおり、Fさんのファームステイに対する期待と思い込みが相当強かったため、このような問題になったというのも一理あります。それだけファームステイに対する期待があったのなら、本来であればFさんは、7日間すべてとは言わないまでも4日間以上ファームステイをする旅行商品を選んで参加すれば良かったのではないでしょうか。そのような商品であれば、ファームステイの内容に関する詳しい説明も記載しているでしょうから、このようなトラブルが発生することはまずないでしょう。

　ただ、Q社にもまったく問題がなかったわけではありません。「ファームステイ」という言葉に一般の人が持つイメージがあるはずです。食事の件は別としても、牛の乳搾りや羊などの動物に触れることがまったくできないようでは農場とは言えず、少なくとも今回のステイ先はそのイメージからかなりはずれているようです。さらに「カントリーライフ」という言葉をツアータイトルに使用していることが相乗効果となって一般の人が持つイメージを強めています。

　Q社はファームステイの内容について何も記載していないと言っていますが、「カントリーライフ」をツアータイトルにしたツアーの主要な部分であり、特殊な宿泊施設であるファームステイの具体的な内容について記載していないことはあまりにも不親切です。内容についての自信がなかったからかもしれませんが、それならなおさら大きな問題と言えるでしょう。

　旅行会社は、用語の説明をこのように記載していない場合は一般の人が持つイメージが優先されることを理解しなければなりません。本ケースの場合は微妙なところではありますが、Q社はその点を考慮して、見舞金を支払ってケースクローズしたのでしょう。

予防の一言　特殊な宿泊施設やコース内容はしっかり下調べをして、しっかりとその内容を記載。

column 4
旅行会社のクレームマネジメントってなに？

　旅行商品は無形の商品であり、商品の価値は旅行に参加してからでないと分からない。お客様はパンフレットを信じて旅行契約を結ぶわけだが、その契約書の一部となるパンフレットは宣伝広告も兼ねているため、多少なりとも誇張された内容になっている。その上、旅行会社が直接、運送や宿泊等の旅行サービスを提供していると考えているお客様も多い。さらに、旅行商品に対する評価にはお客様個人の主観が大きくものをいうため、どうしてもクレームが発生しやすいのが旅行商品である。

　クレームが発生した場合には迅速かつ的確な対応でお客様を満足させる必要がある。ジョン・グッドマンが1970年代後半にアメリカ合衆国消費者問題局から委託され調査した「クレームに関する消費者行動と再購入率との相関関係アンケート」の分析結果からも、迅速な対応で満足したという消費者の再購入率は80％以上と極めて高い。

　そもそもクレームの度合いは信頼と期待の程度の裏返しであり、お客様のクレームが大きいほど品質管理やサービス改善に有効な情報である。それがクレームを減らすことにつながる。そしてお客様の信頼を回復することにより、リピーター化が可能となりクチコミ効果も期待できる。

　それ以上に重要なことはクレームの予防である。これは、現場の最前線としてお客様に接する人たちの心構え一つで大きく変わる。分かりやすく親しみのある言葉遣い、身だしなみ、挨拶、豊富な業務知識などによる基本的な対応は当然で、その上で、お客様を満足させることが会社を発展させるという信念を持ち、茶道でいう「一期一会」の気持ちを忘れずに、常にお客様の気持ちを考えた対応がクレームの予防につながると言える。

第5章

現地・手配のトラブル

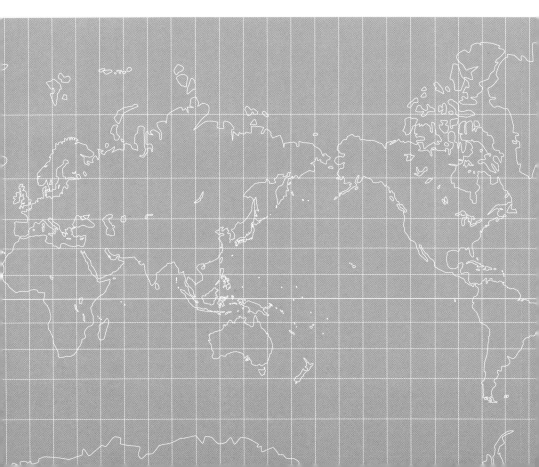

episode 25　　　　　　　　　　　　　　　　　　　　　　　　　　　✈ 韓国

韓国式垢すり内出血事件

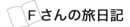Fさんの旅日記

　専業主婦の私は、久しぶりに家事を離れてのんびりと好きなことをしたいと思い、夫も休みが取れそうだということで、夫と二人で韓国へ行くことにしました。好きな時間に好きなことをしたいと思い、旅行はP社の「ソウル・フリープラン4日間」に決めました。

　このコースは、到着日に空港からホテルまで向かう途中に、BBクリームで有名な化粧品店と免税店に立ち寄ることと、帰国日に空港へ行く途中でキムチ屋さんに立ち寄ることになっているだけのフリータイムコースで、旅行代金もかなり安めでした。私は、その分、ショッピングやグルメに十分にお金が使えると思い、ガイドブックの観光スポットやグルメスポットなどを見てだいたいの行動を決め、出発日が来るのを楽しみに待ちました。

　出発当日、成田空港で受付をすませ、空港内の免税店やブランドショップを見ておおむねの買物リストを頭に描き、出発時間が来るのを待ちました。ほんの2時間ほどの飛行でソウルの仁川国際空港に到着しました。

　仁川国際空港はとても近代的な空港で、アジア最大級と言われるだけあって大変広い空港でした。入国手続きを終え、現地のガイドさんに会って、日程表の予定どおり途中、お店に立ち寄りショッピングをしてからホテルに入りました。予定していた化粧品やブランドバッグを思ったより安く買うことができ、到着したホテルもなかなか快適で、満足のゆく一日でした。明日からは思いっきり観光とグルメを中心に楽しめると思い、気持ちよく就寝しました。

　2日目は地下鉄を利用してソウルの観光をしました。まず、ソウルの五大王宮の一つでもっとも大きく歴史的にも古い景福宮と、ソウルの伝統的な町並み北村韓屋村を見学しました。その後、石畳の道の両側に伝統雑貨

の土産品店がずらりと並ぶ仁寺洞でショッピングを楽しみ、近くのカフェでビビンバを食べました。それから、世界文化遺産になっている宗廟や昌徳宮を見学しました。宗廟の厳かな雰囲気や昌徳宮内の秘苑の美しさはとても素晴らしいものでした。夕食はプルコギやカルビの焼き肉を思う存分食べ、本当に楽しい一日でした。

　翌3日目は少し早めに起きて、現地旅行会社のオプショナルツアーに参加し、ソウル郊外の水原市に向かいました。そして世界文化遺産の水原華城を約2時間かけて見学しました。その後ソウルに戻り、ソウル一の繁華街と言われる明洞や近くの南大門市場など、ショッピングを兼ねて街歩きをしました。

　さすがに2日間続けて目いっぱい歩いたので、足が少しむくんでだるい感じがしたので、現地旅行会社のオプショナルツアーにあった韓国伝統の垢すりマッサージに申し込み、旅行会社からOKが出たので、ホテルのロビーで集合時間になるのを待ちました。すると同じツアーに参加していた5人の女性も来て、結局6人でエステティックサロンに向かいました。垢すりマッサージは、疲れ、冷え症、足のむくみ、ストレス解消などに効果があると言われており、タオルでこする以上多少の痛さを感じるのはやむを得ないとしても、翌日はとてもすっきりとしているだろうと期待しておりました。

　私の担当になったエステティシャンは太めの人でそれだけ力も強く、全身を思いっきりこすりました。私は「痛いので少し力をゆるめて」とお願いしたのですが、ほとんど聞き入れてくれないまま、マッサージが終わりました。その時私の右腕は痛さで上がらなくなっていたのです。私はフロントの係員に文句を言ったのですが、係員は「すみません」と謝り、湿布を1袋くれただけでした。その湿布を貼って翌日、日本に帰りました。

　右腕の状態が良くならなかったので、帰国翌日に近所の病院に行き診察してもらいました。結果は、全治1週間の打撲と内出血ということでした。

旅行会社とのやりとり

　病院から戻ってきてさっそくP社にこの状況を連絡しました。私は、「現地旅行会社のオプショナルツアーでケガをして、家事をするのも苦痛です。御社の責任ではないのですか」と抗議しました。すると、2日後にはP社の責任者が手土産を持って謝りに来ました。

　中身は高麗青磁の茶碗ということで、すぐに誠意を見せてくれたので、これで良いか、と思いましたが、後で包みを開けてみると何と茶碗が割れているではありませんか。再度P社にクレームを入れました。

　その後、P社の責任者と現地旅行会社の日本事務所長という人が、再び私の家に来て次のような説明をされました。

> 　今回のお話を聞いてさっそく現地旅行会社に連絡し、韓国らしいお土産をと思い青磁の茶碗をお持ちしたのですが、まさか割れているとは思いませんでした。その点は本当に申し訳なく思っております。
> 　ただ、今回の件に関する直接の責任は弊社にはないことをご理解いただきたいと思います。オプショナルツアーを主催したのは現地旅行会社ですので、責任という意味では、垢すりマッサージのエステティックサロンを手配した現地旅行会社と当のエステティックサロンにあると考えております。しかし、このエステティックサロンの経営者は、従業員には十分な教育と訓練を実施しており、過去にこのような問題を起こしたことは一度もない旨、申しております。なお、F様とともにマッサージを受けた他の5名様からは何ら問題がなかったと聞いております。思うにF様の体調や内出血しやすい体質が重なり、このような結果になったのではないでしょうか。以上の状況を踏まえ、弊社としては改めて新しい高麗青磁の茶碗をお渡しするとともに、多少のお見舞金を支払いたいと考えております。

　Fさんは、この説明を聞き納得し、ケースクローズとなりました。

コメント

　Fさんはずいぶんとアクティブな女性ですね。これだけ動くと男性でも相当に疲れるのではないでしょうか。逆に言うとソウルでは観光をはじめとして、ショッピングやグルメで思う存分楽しめたでしょうね。それでも何か一つちょっとした問題が発生すると、このようなクレームに発展するのは、人間だから当然と言えば当然なのでしょう。とくに体の痛みなどはやはり黙ってはいられないものでしょう。

　ところで、今回のトラブルの責任は誰にあるかというと、P社が説明しているとおり、現地旅行会社かエステティックサロンにあります。ただ、現地旅行会社が営業許可を取っていないエステティックサロンを手配したということでもないかぎり、責任はエステティックサロンだけの問題になりますし、そのエステティックサロンにしても、過去にこのようなトラブルがあったことはなく、同時にマッサージを受けていた他のメンバーには何も問題がなかったというとエステティックサロンの責任を問うこともむずかしいのではないでしょうか。やはりFさんの体調や体質に起因するトラブルだったのではないでしょうか。それにもかかわらずP社の対応はとてもよかったと思います。旅行会社はこのように自社の責任ではなくてもお客様にご理解いただくべくホスピタリティ精神で頑張っているのですね。

　なお、オプショナルツアーは旅の楽しみを倍加する方法として、旅行会社が募集パンフレットで案内しているため、お客様は当然それに期待を寄せることになります。それだけに、オプショナルツアーに申し込んで何か問題が起きた場合は、商品をつくった旅行会社に責任があると思われやすい状況にありますので、パンフレットの記載方法や現地での事前説明などで、誤解を受けにくいようにすることが肝要です。

予防の一言　オプショナルツアーの責任について、とくに現地申込みのオプショナルツアーについても販売時に十分説明。

episode 26 ✈ 香港

一度しか着られないシルクワンピース事件

📖 Gさんの旅日記

　専業主婦の私は今まで一度も海外旅行をしたことがありませんでしたが、妹から誘われ、主人も勧めてくれたので、二人で海外旅行に行くことにしました。妹もハワイに一度旅行したことがあるくらいで、どちらかと言えば二人とも海外旅行はド素人という状態でしたので、近所の旅行会社であるＳ社に相談に行きました。Ｓ社の方は、「初めての海外旅行なら香港が良いのではないでしょうか。食事やショッピングなど十分に楽しめますよ」と言ってくれたので、妹と相談し、Ｓ社が企画した「魅惑の香港・マカオ３泊４日の旅」に参加することにしました。

　パンフレットの日程表によれば、添乗員は付いていないものの、香港の市内観光、夜景鑑賞そして世界遺産のマカオ観光、さらに広東料理に飲茶、北京ダック、ポルトガル料理と全食事が付いていて、ショッピングの時間も十分にとれそうです。

　初めての海外旅行でもまったく困ることのないいたれり尽くせりのツアーに思われ、妹に聞きながら、パスポートの取得、旅行に必要な用品などの購入をし、出発日が来るのを楽しみに待ちました。

　出発当日は成田空港で受付をすませ、参加者30名が揃ったところでＳ社の係員から出発までの手続きなどの説明を受け、出国手続きをすませ、飛行機に乗り込みました。約４時間30分の飛行で香港に到着し、出迎えのガイドさんに会って、バスでホテルへと向かいました。ホテル到着後、ガイドさんから部屋のキーカードをもらい使い方の説明を受けて部屋に入りました。

　休憩後、再びバスに乗り夕食を食べに行き、その後はスターフェリーに乗り香港湾から見る夜景を楽しみながら香港島へ向かいました。フェリー

乗り場に待っていたバスに乗りビクトリアピークに向かい、夜景を見るための専用駐車場所で九龍半島の夜景を鑑賞しましたが、日本では見ることのできない素晴らしい夜景に感動し写真を何枚も撮りました。

　２日目は香港市内観光とショッピングでしたが、主人や親戚へのお土産を買うのが主目的でしたので、立ち寄ったお店すべてであれやこれやと買物に追われるほどでした。そしてDFSでは時間が余ったので、ガイドさんにお願いしてシルク製品のオーダーメイドの店を紹介してもらいました。ガイドさんに同行していただき、通訳をしてもらいながら良い生地を見つけ、ワンピースをオーダーしました。幸いお店がホテルから歩いてゆける場所にありましたので、３日目のマカオ観光を終え、ホテルに戻った後そのお店に行って仮縫いをし、４日目の朝には出来あがったワンピースがホテルに届きました。

　私は観光、食事、ショッピングなどすべてに十分に満足し、うきうき気分で日本に戻りました。

香港のアベニュー・オブ・スターズ（筆者撮影）

旅行会社とのやりとり

　帰国して、約1カ月後に高校の同窓会の案内状が来たのです。これは良いチャンスだと思い、そのワンピースを着て参加することにしました。ワンピースを着たとき、少しきつい感じがしましたが、鏡を見るとオーダーだけになかなかよく似合っていると思い、ルンルン気分で出かけました。

　ところが、家に帰り着き、ワンピースを脱いでみたところ、数カ所破れていたのです。裏返してみると縫製が雑で、日本では考えられないような作りでした。こんなワンピースは二度と着たくないと思い、S社に電話をしました。現地のガイドさんが案内したお店で起きた問題ですから、S社が責任をもって、返品、返金をして欲しいと思ったからです。

　10日ほどたって、S社の担当者から次のような手紙がきました。

> 　G様からお申し出をいただき、さっそく現地旅行会社に連絡を取り、ガイドから事情聴取しました。ガイドの話によると、仮縫い、試着をしているにもかかわらず、G様からは最終日空港で別れる時まで一言もこの件に関するお話はなかったとのことです。
>
> 　さらに、お店の話では、「G様が仮縫いのため再度来店されたときに、スカートを1枚追加で購入されており、状況からして何ら問題はなかったのですから、今更の返品、返金に応じることはできません」とのことでした。
>
> 　このような状況ですから事情をご賢察のうえご理解いただきたいと思います。

　Gさんは「追加したスカートは無理やり買わされたもの」「このまま泣き寝入りで終わるのはどうにも我慢ができない」とS社に再度強く抗議した結果、S社はGさんの希望するサイズ通りにワンピースを縫製し直させるよう現地旅行会社を通して依頼し、2カ月後に出来あがってきたワンピースを納品し、ケースクローズとなりました。

コメント

　Gさんは、旅行内容については十二分に満足して帰国しています。普通であれば、これだけ楽しんだのですから、「次回の旅行はまたS社で」と思ってもおかしくありません。それなのに、こんなちょっとしたことでトラブルになるのですから、旅行会社の仕事は本当に大変ですね。

　このようなショッピングに絡む問題は、一般的に東南アジア方面の旅行に多く見受けられます。とくに香港の場合は、「市内観光」と言いながら観光内容に比較してショッピング回数が多く、そのためショッピング店も旅行会社が関与していると思うのが一般のお客様です。もちろん、旅行会社が指定したお店での購入品に対するトラブルは旅行会社が対応しなくてはなりません。旅行会社は一般的に言われるコミッション、送客手数料をお店から受け取っているのですから。これも、もちろん旅行会社の大切な収入となります。

　本ケースでは、現地ガイドがお客様の要望に応じて、親切で一般のお店を紹介し、通訳までしてくれたようです。本来なら感謝すべきところですが、GさんはS社と関係しているお店と勘違いしてしまったのかもしれません。

　現地旅行会社と契約、タイアップしているお店ならば、多少の無理を言うことで返品や返金が可能なケースもあるかもしれませんが、単に現地ガイドに紹介されただけのお店です。現地ガイドが法律的にいい加減なお店を紹介したのでもないかぎり、お客様にこのような問題が生じたとしても責任はありません。

　その状況でS社が辛抱強く現地旅行会社に交渉させ、このような結果を出したのは立派です。本当にお疲れ様でした。

現地でのショッピングのケアは慎重に、ショッピングは自己責任であることを十分に説明。

episode 27　　　　　　　　　　　　　　　　　　　　　　　✈ 韓国

ソウル偽ガイド事件

📖 Hさんの旅日記

　私は個人で小さな商店を経営しており、固定客がいるため細々とではありますが、どうにか生活しております。比較的時間は自由にとれるので、妻に留守を任せて同業の友人と二人でのんびりとソウル旅行に行くことに決めました。料金が安いうえに飛行機で2時間ほどの場所ですし、二人で相談しながら国内旅行気分で気楽に行けると思ったのでP社の「羽田発着ソウル・フリープラン3日間」に申し込みました。

　出発当日、羽田空港の国際線の旅行会社カウンターに集合したところ、今回は私たち一組だけのツアーということでチェックインや出国手続きも問題なくすませ、飛行機に乗りました。

　飛行機はほぼ定刻に金浦空港に到着しました。入国手続きを終え荷物をターンテーブルから受け取って税関検査もスムーズに通り、出迎えのガイドさんがいる所に出ました。

　P社からはガイドさんとのミーティング方法について特別な指示がありませんでしたので、ガイドさんはP社のネームプレートを付けているか、名前を書いた紙を出しているかのどちらかだろうと思っていました。しかし、どこを探してもそれらしき人はいませんでした。私たちは胸にP社のバッジをつけ、荷物にはP社のネームタッグをつけていたのですが、1時間近く探してもダメでした。

　あきらめてタクシーでその日の宿泊ホテルへ向かおうかと思った矢先、ガイドさんのような感じの男性から「お迎えに参りました。お待たせして申し訳ございません」と声をかけられたのです。「P社の人ですか？」と確認したところ、「そうです」とその男性は笑顔で答えました。そこでほっとしてそのガイドさんの車に乗り込み、ソウル市内に向かいました。

その車中で、ガイドさんから、「宿泊予定になっているホテルは、不衛生で周囲の環境も良くなく危険ですので、多少追加料金はかかりますが、別のホテルにしたほうが良いと思いますよ」と勧められたので、「それもそうか。多少の費用がかかってもまったくの自由行動だからホテルは安全なほうが良いか」と二人で話し合って、彼に2泊分の追加費用として二人で3万円支払い、別のホテルにチェックインしました。

　見たところ周囲の環境面は問題ないようでしたが、ホテル自体は当初予定のホテルに比べてとくに良いとは思えませんでした。なお、ガイドさんから「安全のためパスポートは帰国日まで私が預かりましょう」と言われましたので、そのとおりにしました。

　その日の夜は、そのガイドさんから勧められ、カラオケバーを3軒ほどハシゴしました。私たちは結構なカラオケ好きでしたので、歌い、飲みの繰り返しで、勢いに乗ってついついハシゴしたしだいです。楽しかったのは確かですが、いざ支払いとなると3軒とも思ったよりかなり金額が高かったのには少し驚きました。ただ、かなり酔っていて気が大きくなっていたのでしょう。とくに文句も言わずに支払いました。

　翌日、午前中は買物に案内すると言われ、数軒の土産物店に連れて行ってもらいました。前の日にカラオケバーでかなり散在したため、お土産の購入代金はクレジットカードですることにしました。ガイドさんは親切にも買物のつど私からカードを受け取って、支払いを代行してくれました。その後は地下鉄の乗り方を教えてもらい、ガイドブック片手にソウル市内を観光し、ホテルに戻りました。

　3日目はもう帰る日で、ホテルに来たガイドさんの車で金浦空港に向かいました。車の中で私たちのパスポートを返してくれましたが、空港に着き私たちが車を降りた途端に、彼はすぐに車を走らせ去って行ったのです。

　大変恥ずかしい話ですが、彼が偽のガイドだったのではないかと思ったのは、その時だったのです。取りあえず日本に戻り、その後P社に連絡しようと思い、帰国の途に就きました。

旅行会社とのやりとり

　帰国翌日、私はさっそくＰ社にこの状況を連絡しました。私は、「そもそも、私たちが偽ガイドに引っかかったのは、貴社がガイドと出会う方法を明確に教えてくれなかったのが原因だと思います。ガイドさんの名前や性別、出迎えの方法など詳しく教えていただいていれば、こんな被害に遭うこともなかったのです。またクレジットカードを悪用されたのではないかと心配です。責任を取って旅行代金を全額返金して欲しいと思います」と抗議しました。１週間後、Ｐ社の責任者から以下の内容の手紙が届きました。

> 　このたびは大変な思いをされましたことにただただ驚いております。
> 　事情調査をしましたところ、現地旅行会社のガイドは、Ｈ様たちの到着時刻に合わせて、金浦空港に出迎えておりました。その際には、Ｐ社のツアー名を書いたプラカードを掲げておりました。約１時間近くＨ様たちを探しましたが見当たらなかったとのことです。心配になりホテルにも連絡しましたが、到着していないと言われました。そこで何かあったのではないかと地元の警察署にも捜査願いを出しております。弊社はこのようにやるべきことはしっかりとやっています。
> 　不幸にしてＨ様たちは悪質なグループに引っかかったとしか思われません。そもそも予告なしに現地で急に宿泊ホテルを変更するなどということは、パッケージツアーでは通常は考えられないことです。大変失礼ですが、Ｈ様たちはもっと慎重に、問題の偽ガイドをチェックすべきだったのではないでしょうか。
> 　以上のことから弊社には過失はなかったものと理解しておりますので、残念ながらＨ様の要求にお応えすることは致しかねます。

　最終的にＰ社はＨさんに対し若干のお見舞金を差し上げて、ケースクローズとなりました。

コメント

　海外旅行では、本当にこんなことがあるのですね。本ケースにおいて間違いない事実は、Hさんたちが偽ガイドに引っかかり被害を被ったということです。Hさんの言い分とP社の事実関係調査内容はまったく異なり、どちらが正しいのかは判断しかねます。空港で出迎えする人があまりにも多く、Hさんが出迎えの現地旅行会社のガイドに気づかなかったのか、あるいは、ガイドが出迎え時間に遅れて空港に到着したのかもしれません。

　ただ、いずれにしても出迎えのガイドがいなかったら、Hさんは最終の出発案内に記載されている「現地緊急連絡先」に連絡すべきではなかったのでしょうか。そうすれば、現地旅行会社側もただちにガイドに連絡を取り、うまく会うことができたと思います。

　それをせずに、偽ガイドに引っかかり最終日まで騙され続けていたというのはあまりにも荒唐無稽な話ですが、相手がよくよく上手かったのでしょう。そうであっても、Hさんたちに問題があったと言わざるを得ません。一般的に日本人は、とくに海外旅行中は他人を疑わない傾向にあります。不自然なガイドがきたら疑ってかかることが必要です。海外旅行でだいじなパスポートやクレジットカードなども他人に預けてはいけません。

　ただ、P社にまったく問題がなかったとも言えません。やはりHさんが主張するように、最終案内書面に現地ガイドと会う場所、ガイド名、性別程度は書いておくべきでしょうし、それが間に合わない場合でも出発空港で教えるということはしなければいけません。さらに、P社は現地旅行会社と早急に打合せして、ガイドの行動マニュアルの遵守徹底、場合によってはマニュアルの見直しも含めて、二度とこのような事件が起きないように策を講じることが必要でしょう。

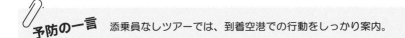
予防の一言　添乗員なしツアーでは、到着空港での行動をしっかり案内。

episode 28　　　　　　　　　　　　　　　　　　　✈ 中国

上海トランク破損事件

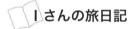Iさんの旅日記

　私は書道の愛好会に入っており、毎月の会合を楽しみにしております。先日の会合終了後、会長から中国旅行の話がありました。それによると、旅行会社のX社から、本場の書を見るとともに会員の親睦を兼ねて中国旅行を勧められたということでした。もちろん私も中国は初めてだったので、観光だけではなく本場の中華料理やショッピングなど思いっきり楽しみたいと思い、参加することにしました。最終的には総勢35名の参加になりました。旅行内容としては、成田発着の「北京・西安・上海・蘇州を訪れる7日間」のコースで、全食事付き、添乗員付きというものでした。

　出発当日、成田空港の受付カウンターに35名全員が揃ったところで、添乗員さんの案内に従って、北京に向けて出発しました。

　北京では天安門広場、故宮、天壇公園そして万里の長城を、西安では、大雁塔に兵馬俑坑、上海では玉仏寺、外灘、豫園を、さらに蘇州では留園、拙政園、寒山寺をたっぷりと見学しました。それぞれのスケールの大きさと歴史の重みに感動の連続でした。また、どこでも出会う「漢字」の素晴らしさに心奪われました。筆や硯はもちろん各地でのショッピングも堪能しました。

　7日目はもう帰国です。数多く買ったお土産がトランクに入るか心配だったのですが、一部をビニールのショッピングバッグに入れ機内持ち込み手荷物にすることでどうにか荷造りをすませ、ホテルをチェックアウトしました。大きな荷物は私たちとは別にトラックで空港まで運ばれました。

　ところが、上海空港に到着した私のトランクは持つところが切れかかっているうえに、鍵も片方が壊れていました。出発まで時間があまりなかったため、私は係員からガムテープを借り、ぐるぐる巻きにして預けました。

126

成田空港に到着し、解散になり、私は宅配便カウンターに行き、自宅まで荷物を送ってもらうよう依頼したのですが、係員の方から、「破損がひどすぎるので配送はできかねます」と言われてしまいました。私の革製トランクはイタリアで購入したものでキャスターも付いていませんし、かつ過去の旅行で数十回も使ったため、骨董品的な感じがするものでした。それだけに愛着は一入でした。

　ただ、いかんせん重いので、本来ならタクシーで自宅まで帰りたかったのですが、買物で使い果たしたためタクシー代に充てるほどのお金が残っていませんでした。仕方なく電車を2回乗り換えて自宅最寄り駅まで行き、そこからタクシーで帰ることにしました。

　重い思いを我慢しようやく自宅最寄り駅に着いたのですが、駅の階段で足を踏みはずし、転んで膝と肘を強く打ってしまいました。歩けないほどではないのでタクシーに乗りどうにか家まではたどり着くことができましたが、翌日になっても痛みは引きませんでした。そのため近くの病院に行きお医者さんに診てもらったところ、全治2週間ということでしばらく通院することになってしまったのです。

中国・北京の故宮（筆者撮影）

✉️ 旅行会社とのやりとり

私は、病院に行った翌日、X社に電話して、「私は破損した重いトランクを待ちかえり帰宅途中に転倒し負傷しました。貴社が私のトランクを上海空港まで運ぶ過程で壊したから、このような結果になったのです。ケガの治療費はもちろん、私のトランクと同じ物をイタリアで購入して返してください」と言いました。

X社の担当者の返事は、「事情を調査して改めてお返事させていただきます」とのことでしたので、しばらく待つことにしました。

1週間後、次のような内容の手紙がX社の営業部長名で届きました。

> このたびは旅行終了日にご自宅へ帰る際におケガをなされたと伺いました。心よりお見舞い申し上げます。
>
> ただ、そのご帰宅途中でのおケガに関しては、弊社の責任となる問題ではないと考えております。従いましてその治療費に関しましては、誠に恐縮ではございますが、I様にご負担いただくしかないと思います。
>
> また、革製のトランクの破損に関しましては、さっそく現地に調査を依頼しました。現地の旅行会社のガイド、また旅行会社を通じてトラック会社にも確認を取りましたが、トランクが破損した原因の特定にはいたりませんでした。
>
> 従いまして、企画旅行の特別補償規程に基づき修理費を負担させていただくことでご理解いただきたいと思います。
>
> B様のおケガが一日も早く快癒されますことを心よりお祈り申し上げます。

これにIさんは納得せず、要求を繰り返しましたが、X社の営業部長が手土産を持参しIさん宅を訪問し、再度丁寧に事情を説明して、ケースクローズとなりました。

コメント

　本ケースにおいて、トランクが壊れた原因がどこにあるかは非常に微妙な問題です。トラック会社のスタッフが壊したのかもしれませんし、荷物を詰め込みすぎたために壊れたのかもしれません、また、相当に使い古したトランクであったため、通常の取り扱いにもかかわらず、自然に壊れたのかもしれません。いずれにしてもX社の過失によるものではありませんので、X社は特別補償規程に基づき正当な処理をしたことになります。

　トランクやスーツケースは、乗り物での移動のときは預けることになります。団体バスなどで一緒に移動する場合は、それほど心配ありませんが、航空機への預け入れや本ケースのように別のトラックで運ぶ場合、かなり乱暴に扱っているのかもしれないと思うことがあります。

　実際、国や地域によっては本当に乱暴に扱っていることがあります。近年のスーツケースは、そんな取り扱いも想定し相当丈夫にできているようです。デザインも重要ですが、丈夫なものを選びたいものです。航空機に預けた荷物の破損はその場で破損証明書をもらうことを忘れないようにしましょう。航空会社が修理に応じなくても、海外旅行保険で補償されます。

　なお、トランクが壊れたこととIさんがケガをしたことに相当な因果関係はありませんので、治療費の支払いは不要ということになります。

　Iさんが海外旅行保険に加入していたら良かったのに、と思われてなりません。意外と知られていませんが、海外旅行保険は、海外の滞在地や往復の航空機内だけでなく、住居から往きの空港に着くまでや帰りの空港から住居までといった、日本国内で発生した事故についても補償対象となります。Iさんのケガなどが補償される典型的な事例です。海外旅行保険を必ず掛けるよう、強く勧めるのも旅行会社の大きな責任と言えるでしょう。

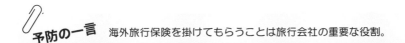
予防の一言　海外旅行保険を掛けてもらうことは旅行会社の重要な役割。

episode 29 ✈ 香港

負傷時緊急連絡先役立たず事件

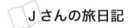Jさんの旅日記

　私は中堅の商事会社に勤めているOLです。仲良しの同僚と二人で食事をしながら話しているうちに、来月の週末を利用して久しぶりに海外旅行をしようということになりました。そこで翌日、会社の近くにある旅行会社のS社に行ってみると、「ちょうどクリスマスシーズンで普段以上に夜景がきれいですよ」と係員から勧められ、S社企画の「便利な羽田発着・香港フリータイム3日間」コースを選びました。

　パンフレットによれば、旅行代金に含まれるものは往復の飛行機と空港・ホテル間の送迎、ホテル代2泊（朝食付き）だけでしたので、かなり割安な旅行代金になっていました。香港は私も彼女も2度目なので、今回はのんびりと夜景やショッピングを楽しもうと思いました。

　出発当日は羽田空港に午前9時に集合し、後は各自でチェックイン手続きをして飛行機に乗るという、ほとんど個人旅行に近いものでした。約5時間のフライトで香港国際空港に到着し、出迎えのガイドさんに案内されミニバンで九龍地区のホテルに向かいました。

　ホテル到着後は3日目のホテル出発までまったくの自由時間です。ホテルは九龍の最南端部に近いところにあったため、プロムナードまで歩いてゆき、近くのレストランで夕食をとり、その後、香港島のビルから放たれる光のショー「シンフォニー・オブ・ライツ」を見ました。クリスマス時期のせいか、前回見た時よりもはるかにイルミネーションがきれいで驚きました。それから地下鉄に乗って有名な女人街へ行き夜市を散策し、再び地下鉄を利用してホテルまで帰りました。

　翌日は香港島のセントラル地区にショッピングに行きました。12月はバーゲンセール時期になっているので、二人でガイドブックを見ながら、

「あれも買いたい、これも買いたい」と話をし、いろいろなお店を覗いて歩きました。何軒ものお店を歩いて疲れていたせいでしょうか、夕刻近くに入ったあるブティックで、2階から1階に下りる階段で足を踏みはずし転げ落ちてしまったのです。その際、左手の中指を切り、骨が見えるほどの傷を負ってしまいました。

一緒にいた友人がすぐに最終案内書面に載っていた緊急連絡先に電話を入れてくれたのですが、相手方は留守電になっていて、テープで「不在の時は○○番に電話してください」と英語で言っているようでした。でも、短い時間に何カ所かの電話番号を早口でまくし立てているようで、何度聞いても番号を聞き取れないとのことでした。私も痛みをこらえて聞いてみたのですが、やはり分かりませんでした。

指からの出血は止まらず、痛みもどんどんひどくなるので、「一刻も早く病院に行って手当してもらいたい」とブティックの店員に身振り手振りで必死に訴え、どうにか救急車を呼んでもらいました。店員の方も一緒に救急車に乗ってくれ、とても親切でしたが、いかんせん日本語がよくしゃべれなかったため、本当に困りました。

その日が土曜日の夕刻だったので、救急車で行った先は公立病院でした。この病院では重症患者を優先するということで、私のけがは軽傷と判断されたのか、かなりの時間待たされてしまいました。

診察の順番を待っている間、友人にお願いしてＳ社の緊急連絡先に何度も電話してもらったのですが、やはり連絡はつきませんでした。そこで、やむを得ずホテルに電話し、日本語のできるスタッフを呼び出してもらい、「日本語が通じる民間の病院を紹介して欲しい」とお願いしました。さっそくタクシーでその病院に行き、ようやく縫合治療を受けることができました。もう真夜中近くになっていましたので、その日は病院に入院し、翌朝ホテルに戻りました。

そんなこんなでもう日本に帰る時間になってしまい、急いで荷物を取りまとめ、あわただしく帰国の途に就きました。

✉️ 旅行会社とのやりとり

　帰国後、私はさっそくＳ社に電話をし、「ホテルのスタッフが良い病院を紹介してくれたので、適切な治療を受けることができ、事なきを得たのですが、もしもこのスタッフがいなかったらどうなったかと思うと恐ろしい気がします。現地の緊急連絡先はいったい何のためにあるのでしょうか。その時の不安な気持ちを理解できるのなら、何らかの補償があってしかるべきではないでしょうか」と言いました。

　数日後、Ｓ社の担当者から次のように書かれた手紙が届きました。

> 　Ｊ様には、このたびのご旅行で大変ご不快な思いをさせまして、誠に申し訳ございませんでした。
> 　Ｊ様からお申し出をいただき、さっそく現地旅行会社に連絡を取り、当日の状況を確認しました。また、弊社でも最終案内書面に記載された緊急連絡先に電話してテストをしてみました。
> 　その結果、Ｊ様が仰るとおり、「不在用の案内テープ」は非常に聞き取りにくい状況でした。一定の時間内（15秒程度）に４カ所の電話番号を伝えるために、早口でまくしたてるような感じになっていたのが原因のようでした。
> 　現地の旅行会社には、不在時に案内する電話番号を２カ所程度に減らし、聞き取りやすいようにするよう指示しました。さらに、不在時には自動で電話が転送されるように可能なかぎり早く措置するようお願いしました。
> 　ただ、誠にお気の毒ではございますが、Ｊ様のケガは自分で引き起こしたものでございますので、弊社の責任となる問題ではないと考えております。

　Ｓ社はＪさんに特別補償規程に基づく入院見舞金を支払い、ケースクローズとなりました。

コメント

　Jさんは、2日目の夕刻までは十分に香港旅行を楽しんでいました。海外旅行の場合は、非日常の世界で思いっきり楽しもうとするのが一般的な旅行者なのでしょう。そのため、ついつい疲れを忘れ無理な行動をするということもよくあります。しかし、病気になったりケガをしては、せっかくの旅行が台なしになってしまいます。Jさんはまさにそのケースでした。

　自由行動時のケガはS社が言うとおり、何ら旅行会社の責任になる問題ではありません。ただ気になるのは、「緊急連絡先」の問題です。Jさんにしてみれば、緊急連絡先とは、海外旅行先において何かあった場合、すぐに対処してくれる心強い味方だと考えていたはずです。それが通じなかったときの精神的不安は相当に大きかったと想像できます。

　そもそも、添乗員が同行しないツアーにおいて、緊急連絡先は企画旅行会社にとって旅行者の安全を確保する義務を果たす重要な手段の一つです。緊急連絡先を旅行者に教えても、それが機能しないようであればまったく意味がありません。

　まず、緊急連絡先に幾度電話しても相手がでないのは問題です。たぶん土曜日だったからと思われますが、休日につながらなくては緊急の意味がありません。また、留守番電話が英語で早口では、日本人旅行者には意味がありません。そもそも自動転送くらいのことはできるはずです。早急な改善が必要でしょう。

　本ケースにおいては、精神的慰謝料が認められるとしても決して多額になるとは思えません。訴訟の手間ひま・費用等を考えると特別補償規程の入院見舞金で遜色はないと思います。したがって、特別補償規程で対処したいというS社の対応は間違っているとは言えません。

　フリータイム型のツアーにおいては、「緊急連絡先」は海外旅行者の命綱、しっかり体制構築。

episode 30　　　　　　　　　　　　　　　　　　　　　　　　✈ タイ

帰国時緊急連絡先役立たず事件

📖 Kさんの旅日記

　昔から一人旅が好きだった私は、今の会社に就職してからも、有給休暇をうまく使って旅を楽しんでおります。なかなか長い休暇は取りづらく、やはり国内旅行か近距離海外旅行のどちらかにするしかなく、海外では今までに、香港、シンガポール、サイパンに行きました。今回は週末の休みを利用してタイのバンコクに行くことにしました。

　そこで会社の近くの旅行会社に立ち寄って、カウンターのスタッフといろいろと話をして、S社の「タイ航空直行便で行くバンコク5日間の旅」に申し込みました。

　出発当日は成田空港に午前8時に到着し、S社の受付カウンターでチェックイン手続きをして飛行機に乗るという形でした。添乗員は付かないコースでしたので、スタートはまったく個人旅行という感じでした。

　約7時間の飛行でバンコクのスワンナプーム国際空港に到着し、出迎えのガイドさんに会い、総勢17名が揃ったところでバスに案内されホテルに向かいました。夕食はホテルの外のレストランでした。それほどお腹がすいているわけではありませんでしたが、中華料理だったので思った以上に食べることができました。

　翌日は、ダムヌン・サドゥアク水上マーケットの観光に行きました。再びバンコクに戻り、暁の寺院、エメラルド寺院を観光しました。その後は、免税店でショッピングをし、一旦ホテルに戻り、夕食は再びバスに乗り、タイ古典舞踊のショーとタイ料理の夕食を食べに出かけました。

　3日目は、まずバスで船着き場まで行き、船に乗りチャオプラヤ川をクルーズしてアユタヤに向かいました。船内でとったビュッフェの昼食もなかなか美味しく、船から周りの景色を見ているだけで2時間の船旅はあっ

という間に終わってしまいました。それから世界遺産のアユタヤを観光し、その遺跡の周りをゾウに乗って楽しみました。バンコクに戻り、この日の夕食はトムヤムクンをはじめとする本格的なタイ料理でした。残念ながら私はパクチーという香草が苦手でしたので、それほど美味とは思いませんでしたが、貴重な経験だったと思いました。

　翌4日目は夜出発なので、ほぼ1日まったくの自由行動日でした。暑さと慣れない食事のせいだったのでしょうか、少しおなかの調子が思わしくなく、その日は遅めの朝食をとり、チェックアウトして、大きなスーツケースだけホテルに預けました。そしてホテル近くの駅からBTS（スカイトレイン）に乗りデパートなどをゆっくり見て回り、夕刻ホテルに戻り、ロビーのソファーに座りガイドさんが来るのを待ちました。

　夜の7時頃ガイドさんが現れ、送迎のバスに乗り空港へ向かいました。そのころからまた、少しおなかが痛くなってきましたが、どうにか我慢して、ガイドさんの指示に従い、タイ航空のカウンターでチェックインをすませ、搭乗待合室へと進んでいきました。

　でも、飛行機の出発を待っている間にかなり体調が悪くなり脂汗が出てくるほどになったので、さきほど別れたガイドさんに連絡を取ろうとガイドさんから聞いていた携帯番号に電話をしたのですが、電話は呼び出し音が鳴るだけで誰も出ませんでした。

　この状態では7時間も飛行機に乗っているのはとても無理だと考え、近くにいた航空会社の係員に身振り手振りを交えてどうにか話を伝え、救急車を手配してもらい、病院に行きました。お医者さんに診てもらいましたが、なかなか話が通じなくて困り果て、最終日程表に書いてあった緊急連絡先に電話を入れました。しかし、現地緊急連絡先は訛りの強い英語を話す人だけで、話が通じなくて何の役にも立ちませんでした。

　診断結果は細菌性急性腸炎ということで、結局1日だけ入院し、苦労して翌日の帰国便を予約し、新たに航空券を購入し丸1日遅れで日本に帰り着くことができました。

旅行会社とのやりとり

　帰国後、私はさっそくＳ社に連絡し、「体調が思わしくなく急遽現地ガイドさんに連絡を取ったが、電話には出ませんでした。また、帰国便に乗ることをあきらめ、航空会社が手配してくれた病院に行ったときも、言葉が通じなくて困り、そこで緊急連絡先に電話しても、やはり話が通じませんでした。結局一人で苦労して帰国便の手配等を行い、１日遅れで帰国したのです。そもそも細菌性急性腸炎になったのは、ツアー中の食事が原因だと思いますし、その結果として入院した際の不安や苦労に対するお詫びとして、新たに購入した航空券代を負担していただきたいと思います」と話しました。

　すると、Ｓ社の担当者は次のように答えてきました。

> 　ご旅行の最後に大変ご苦労されたことはよく分かります。心よりお見舞い申し上げます。
> 　しかしながら、このたびの細菌性急性腸炎に関しましては、今回のツアーに参加された他のどなた様からもお申し出がなく、弊社が手配したレストランが原因だと特定することはできません。大変恐縮ではありますが、体調管理はお客様ご自身の問題であり、弊社の責任になることだとは考えられません。
> 　なお、緊急連絡先での対応につきましては、お役にたてることができず、大変申し訳なく思っております。今後、早急に改善するべく現地旅行会社に要望をいたしております。
> 　従いまして、誠に恐縮ではございますが、Ｋ様のお申し出にお応え致しかねること、ご理解いただきたいと思います。

　その後、ＫさんはＳ社を数度訪問し話し合いを持った結果、Ｓ社が若干のお見舞金を支払うことで、ケースクローズとなりました。

コメント

　Kさんのように初めてタイを訪れた人は、時折体調を崩す方がいるようです。パクチーのようなアジア独特の香草を使った食事は初めての経験でしょうし、高温多湿な気候と建物や観光バス内の冷房の強さを頻繁に繰り返しているとお腹を壊す、風邪をひくなどの体調不良に陥りやすいのではないでしょうか。

　ただ、Kさんの診断結果が細菌性急性腸炎だったということですから、もしかしたら自由行動時の食事か、あるいは何か生野菜のようなものを食べたのが原因だったのかもしれません。旅の疲れで抵抗力が減退していたのも一因だったとも思われます。いずれにしても健康管理は自己責任の範疇ですから、S社の責任になる問題ではありません。

　しかし、問題になるとしたらS社の緊急連絡先のことです。やはり日本人旅行者が対象の緊急連絡先ですから、日本語で対応してくれないと意味を成しません。添乗員やガイドがそばにいない時の緊急時には、旅行者にとっての唯一救いの道なのですから。それが通じなかったことによるKさんの不安は十分に理解できます。したがってS社に過失があったことは確かでしょう。

　また、ガイドの携帯電話がつながらなかったことも気になります。出国手続きを終え最終ゲートでお客様を見送った後も、航空機が離陸するまでは空港内にとどまり、当該便の突然のフライトキャンセルや本ケースのようなお客様の不測の事態に対応する必要があったと考えます。

　いずれにせよ、お客様が間違いなく搭乗し、その帰国便がでるまでは現地の旅行会社がケアしなくてはならないでしょう。緊急連絡先やガイドの携帯電話はとても重要な要素であることを理解すべきです。

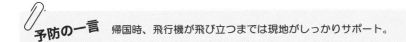 **予防の一言**　帰国時、飛行機が飛び立つまでは現地がしっかりサポート。

episode 31　　　　　　　　　　　　　　　　　　　　　✈ スペイン

ホテル前強盗傷害事件

📖 Mさんの旅日記

　団塊世代と言われた私の人生は、とにかく仕事の連続で、家族とともに楽しむなどということはほとんどありませんでした。それが定年を迎え、いざ仕事がなくなってしまうと、改めて家族の大事さが身に沁み、1年に最低1回は可能なかぎり家族全員で海外旅行をすることにしております。いつもは東南アジアやグアム、サイパンなどの近距離の海外旅行でした。

　今年は一人娘が大学を卒業することになり、無事就職先も決まったので、そのお祝いを兼ね、娘の最後の春休みを利用して、初めてのヨーロッパ旅行をすることにしました。行く先は妻と娘に任せたのですが、その結果、P社の「スペイン・ポルトガルハイライト10日間」というコースに申し込むことになりました。「10日間でスペインとポルトガルの2カ国いいとこどりの観光付き、全食事付き、添乗員も同行するので初めての人でも安心です」のパンフレットの謳い文句がとても気に入りました。

　出発当日は、予定どおりの時間に成田空港に着き、旅行会社の受付カウンターで受付をすませました。その後の再集合場所で初めて添乗員さんに会いましたが、若いけれどしっかりしているという印象を受けました。総勢32名のツアーでした。航空機に搭乗し、パリの空港で乗り換え、夜の10時にはバルセロナのホテルに入ることができました。

　2日目の午前中はバルセロナ市内観光で、まず、モンジュイックの丘に行き、バルセロナ市街を一望しました。その後、有名なサグラダファミリアやカサパトリョ、サンパウ病院などの世界遺産を見学しました。午後からはタラゴナに向かい、世界遺産の円形競技場やラス・ファレラス水道橋を観光した後、バレンシアのホテルに入りました。

　3日目はまず歴史的城塞都市クエンカ観光を楽しみ、バスで首都のマド

リードに向かいました。4日目の午前中は、プラド美術館とピカソのゲルニカがあることでも有名な国立ソフィア王妃芸術センターを見学し、午後は世界遺産トレド観光でした。西洋絵画が大好きな私にとっては十分満足した一日でした。

5日目はバスでドンキホーテの物語で有名なラ・マンチャ地方に向かい、丘の上にある白い風車群を見学してから世界遺産のコルドバ歴史地区を観光し、さらにグラナダに向かいました。夕食後、本場のフラメンコショーを見に行きましたが、とても迫力があり素晴らしいものでした。

その後バスでホテルに向かい、ホテルの正面玄関に横付けされたバスから降りたとき、とんでもない事件が起きたのです。突然4人組の強盗に妻と娘、それにもう一人の女性が襲われたのです。3人とも後ろから羽交い絞めにされ、持っていたバッグを奪われてしまいました。その際、妻はバッグの紐を持って引きずり回され、服は破れ、体中が傷だらけになってしまいました。運良く娘はすぐにバッグの紐が切れて取れてしまったのでケガをすることはなかったのですが、半狂乱状態でした。

私は妻と娘を守ろうと夢中で強盗にかかっていったのですが、多勢に無勢で、指をへし折られ、殴られた顔は腫れ上がるという散々な状態になってしまいました。あっという間の出来事で、周りの人は手をこまねいてただ見ているだけでした。私たちの添乗員さんもバスのドライバーと翌日の打合せをしていて強盗に気づくのが遅れ、結局何の役にも立ちませんでした。その後、誰かが救急車を呼んでくれたので、病院に行き手当をしてもらい、ホテルに戻りました。

翌日からもバスで移動しながら、セビリアの観光やポルトガルのリスボンのジェロニモス修道院、ベレンの塔など盛りだくさんの世界遺産や有名な観光スポットを回りました。そして10日目には成田空港に帰り着いたわけですが、私は指の痛みがひどく、また妻はケガした足が痛み、娘も精神的に不安定で、6日目以降からはとても満足できる旅行とは言いがたいもので終わったしだいです。

旅行会社とのやりとり

　帰国して3日後にP社の担当者から電話があり、「このたびは現地で強盗に遭い大変な思いをされたと伺いました。どのような状態ですか」と尋ねられ、「私の指は曲がったまま痛くて伸ばせない状態でまだ通院しています。妻はあと4～5日でケガも完治できるようですが」と答えました。すると「そうですか。それは大変でしたね。お大事になさってください」と言って電話を切り、その日以降は何の音沙汰もありませんでした。

　あまりにも事務的な対応に唖然とし、次のような手紙を書きました。

　「そもそも旅行者の安全を守るべき添乗員さんが私たちから目を離していたことに責任はないのでしょうか。それに帰国後の貴社の対応はまったく事務的なものでした。私の指のケガに対する補償ならびに私たち3人に対する精神的な慰謝料を支払っていただきたいと思います」。

　それから5日ほどして、P社より次のような返信がありました。

> 　このたびは大変な事故に遭い、心よりお見舞い申し上げます。本件につきましては添乗員より報告を受けておりましたが、M様たちがこれほど苦しい思いをされていることをくみ取れず、そのため対応が遅れましたこと、深くお詫び申し上げます。
> 　企画旅行参加中の事故や盗難などについては、弊社に責任がない場合でも特別補償規程に基づく補償があります。M様の場合は通院見舞金をお支払いすることになります。さらに、弊社としましては、このたびの対応のまずさを反省するとともにM様の被害の状況を鑑み、帰国後の治療費を負担させていただくことでお詫びに代えさせていただきたいと思います。

　その後、P社の営業責任者が直接Mさん宅に伺い、帰国後の治療費を支払うとともに、将来後遺障害が残った場合は特別補償規程に基づく後遺障害補償金を支払うことを約束して、ケースクローズとなりました。

コメント

　Mさん一家が災難に遭ったことは本当にお気の毒でした。海外旅行の場合はどうしても国内旅行に比べて治安の面で危険度が高く、稀にこのような事件が発生することがあることを忘れてはいけないでしょう。

　さて、本ケースではP社の初期対応のまずさが原因で、クレームを大きくするという結果にいたっています。旅行は形のない商品だけに、どんなに途中までお客様が満足していたとしても、一旦事故などに遭った場合はそれまでの満足は消し飛んでしまうのが普通です。そのため、このような事故に遭ったお客様に対しては、アフターケアがいかに大切かということを理解して対応する必要があります。単なる儀礼的な挨拶はお客様の気持ちを逆なでするだけです。

　さらに、お客様は企画旅行における特別補償規程の詳細な内容までは知らないのが一般的です。P社の担当者は、添乗員、必要によっては他のお客様などから事故ならびに被害状況を聴取、さらには帰国するまでのMさんたちの様子などを確認したうえで、Mさんに連絡するべきでした。そして、Mさんの話を聞いた時点で、特別補償規程における補償内容について詳しく説明するとともに深い同情の気持ちを伝え、そのうえで多少のお見舞金を支払う旨を話していれば、Mさんのクレームが大きくなることもなく解決できたはずです。

　それをしなかっただけで、本来支払う必要がない治療費という大きな代償を支払わされる結果で解決せざるを得なくなったのです。

　なお、旅行会社の責任の有無は別として、真のホスピタリティを考えると、事故によるケガなどの場合は、最初からお客様宅を直接訪問して話を伺い、心よりのお見舞いをし、対応の説明をするということが必要でした。

予防の一言　大きな事故が発生してしまったら、まずはお見舞いを、そして旅行会社のできることをご説明。初期対応が大事。

episode 32　　✈ 台湾

変身写真ツアー事件

📖 Nさんの旅日記

　就職して5年目になり、そろそろ結婚を考える年齢になった私は、独身時代の良い思い出にできる旅行はないだろうかと思い、女性雑誌を見ながら考えていました。ちょうどその雑誌の特集で、台湾やシンガポールの変身写真館について美しい写真付きで記事が載っていました。それを見て、「海外旅行ついでにあんな素晴らしい写真が撮れるのなら最高！」と思いました。

　会社の帰りに近くの旅行会社に立ち寄り、あのような旅行がないかと探した結果、T社の「オリジナルポートレートを創る台北4日間」という商品を見つけました。パンフレットには、「プロのメイクアップアーティストとカメラマンがハリウッド女優張りのポートレート集をつくってくれます」と書いてあり、スパやスタジオの写真も載っていました。女性雑誌で見たのと同じように豪華でステキな写真でしたので、期待に胸躍らせて、さっそくT社に申し込みました。

　出発の1週間前には最終日程表が送られてきました。それによると、出発当日は成田空港に7時30分集合で2時間後に出発するチャイナエアラインで台北まで行くことになっていました。いささか朝早い集合でしたが、その分現地で過ごす時間が多くなるのでいいかと思いました。

　出発当日は、寝坊しないよう目覚ましを二つかけておいたので、朝4時半に起きることができ、朝ご飯を食べて余裕を持って成田空港に向かいました。集合場所の旅行会社の団体カウンターに到着すると、参加者は私を含め15名ほどで、もちろん全員女性ばかりでした。T社スタッフの説明どおりに、出国手続き等をすませ、免税店に立ち寄って台北で買いたい化粧品などの品定めをし、それから搭乗ゲートに向かいました。

飛行機はほぼ定刻に飛び立ち、約3時間半の飛行でしたのであっという間に桃園国際空港に到着しました。出迎えのガイドさんに会い、バスに乗り込み、高速道路を通って約1時間で台北市内へ入りました。そして中正紀念堂や龍山寺を観光し、ホテルにチェックインしました。夕食は台湾料理でしたが、日本の中華料理の味に近いもので美味しくいただきました。

2日目は、一日中ポートレート作りに終始しました。参加者が15人もいたため、3グループに分かれ別々のスパや写真館を使用するということでした。まず、メイクの前にフェイシャルエステやボディケアをしてもらうためにスパへ向かい個室に通されました。その部屋はパンフレットの写真に比べると古くて薄暗い感じだったので、他の部屋を見せてもらったのですが、同じような部屋でしたので結局最初に通された部屋で一通りのメニューをこなしました。

その後、撮影スタジオに向かいメイクをしてもらい、ドレスを選びました。ただそこにあったドレスは、数も少ないうえにハリウッド女優張りと言えるほど豪華なものは一つとしてなく、仕方なくそれらのなかから1着を選び撮影してもらいました。スタジオの規模もそれほど大きなものではなく、いわば「町の写真館」という感じでしたので、出来あがりには少し不安を覚えましたが、とにかくポートレート作りは終了しました。

3日目は、日本で言えば靖国神社に当たるでしょうか、忠烈祠で衛兵交替を見学したのち、故宮博物院を自由時間も入れて約2時間見学しました。その後、有名な「鼎泰豊」で小籠包や点心類、エビ炒飯などの昼食をとり、それから免税店や土産品店でショッピングをしてホテルに戻りました。

4日目はもう帰国する日でした。朝食後に出来あがったポートレート集を受け取りましたが、残念ながら不安が的中し、どの写真もまったくパッとせず、他人に見せられるようなものではありませんでした。昼前にはホテルをチェックアウトして桃園国際空港に向かわなければなりませんでしたし、添乗員がいるわけでもありませんでしたので、誰にも文句を言うこともできず、帰国の途に就きました。

旅行会社とのやりとり

　帰国翌日、私はすぐにＴ社を訪問し、「あまりにもパンフレットのイメージ写真と違う内容で騙されたような気分です。相応の返金を要求します」と伝えました。Ｔ社の営業課長という方が対応してくれ、「このたびはせっかく弊社のツアーにご参加いただきながら不愉快な思いをさせ、誠に申し訳ございません。事実関係を調査して早急にお返事させていただきますので、１週間ほどお時間をいただきたいと思います」ということでした。

　５日ほどして、Ｔ社より以下の内容の手紙が届きました。

> 　このたびは弊社の「オリジナルポートレートを創る台北４日間」にご参加賜りまして誠にありがとうございました。
>
> 　企画担当者ならびに現地ツアーオペレーターに事実関係を調査したところ、確かにＮ様の仰るとおりでございました。Ｎ様以外のグループで使用したスパや写真スタジオではおおむね問題なく終了したようですが、Ｎ様のグループで使用したスパおよび写真スタジオが古い店だったとのことです。
>
> 　なお、今回のパンフレットで使用したスパならびに写真スタジオの写真は、実はシンガポールのものでした。企画担当者が台湾もシンガポールもそれほど違いはないだろうと考え、写真に「イメージ」という表現を付けてパンフレットを作成したということでした。
>
> 　誠にお粗末な考えで、かつ台湾のツアーオペレーターにパンフレット自体を見せておらず、そのため使用するスパや写真スタジオに差が出てしまったようです。
>
> 　弊社としましてはまったく弁解の余地はございません。誠に申し訳なく深くお詫び申し上げます。つきましては、お詫びとしまして１万円を返金させていただきますので、それでご了承賜りますようお願い申し上げます。

　Ｎさんは１万円の返金を受け取り、ケースクローズとなりました。

コメント

　T社の企画担当者は、「イメージ」と付けておけばどのような写真でも大丈夫だろうと気楽に考えていたのでしょう。しかし、その「イメージ」という表現で使用できる写真やイラストにも制限があります。景表法に基づき、業界団体では表示基準を作成しています。

　それによると、写真やイラストを使用する場合は、原則として旅行日程に含まれているものをそのまま紹介する場合に限定されています。本ケースはそれに違反しているため、不当表示になります。T社の企画担当者があまりにもお粗末だったというほかありません。それと同時に、社内のチェック体制がどのようになっていたのかも気になるところです。

　さらに、旅行契約も消費者契約ですから、消費者契約法のことも考える必要があります。同法の根幹をなすものは、一定の事由に該当する場合は契約自体を取り消すことができるということです。その事由の一つとして、契約しようとする時点で重要事項について不実告知による誤認を与えた場合というものがあります。本ケースの例です。

　しかしながら、この誤認が分かったのは現地台北に行ってからです。悪い言い方をすると、NさんにはT社に騙されて旅行に参加したということになるわけです。それらのことを考えると、1万円程度の返金ではすまないはずです。それにもかかわらず、T社の提示額で解決できたということは、Nさんにとって、台北での観光や食事等がそれなりに満足できた内容だったからでしょうし、たぶんにNさんの人柄によるものしょう。

　旅行の商品企画に携わる人は、旅行パンフレットは広告であると同時に旅行契約の条件書になっているということを肝に銘じて、景表法や消費者契約法を遵守するよう常に心掛ける必要があります。

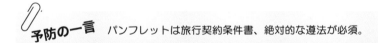予防の一言　パンフレットは旅行契約条件書、絶対的な遵法が必須。

episode 33　　　　　　　　　　　　　　　　　　　　　✈ イタリア

参加者増によるサービス低下事件

📖 Oさんの旅日記

　私は大学卒業後、現在の会社一筋に43年間働いてきました。65歳を迎え定年退職となり、その退職記念と妻の内助の功に対するお礼を兼ね、二人でヨーロッパへ旅行することに決めました。いろいろ見比べ、P社の「イタリアハイライト9日間」というコースに申し込むことにしました。「募集人員各出発日とも40名」「往復直行便利用」「全都市スーペリアクラスホテル利用」「10ヵ所の世界遺産観光」「滞在中にR航空日本就航50周年記念パーティー実施」など数多くの特徴があることがそのコースを選んだ理由でした。

　出発までの3週間ほどは、旅行用品を購入したり、ガイドブックを見て現地の下調べをするなどして過ごしました。また現地でのパーティーに備えて、私はタキシード、妻はパーティードレスを新調し、またそれに合わせた装身具や靴なども購入しました。

　いよいよ出発当日になり、成田空港の出発ロビーへ着くと、すでに集合場所には大勢の参加者がいて順に受付をしていました。添乗員さんに確認したところ、なんと総勢68名のツアーだと言われたのです。

　出発便は予定通りR航空のローマ直行便でしたので、約13時間のフライト中はとくに問題もなく、無事にローマに到着しました。そこで出迎えのガイドさんに会い、Aグループは40名で1号車、Bグループは28名で2号車に乗るように言われました。私たちはBグループになっていましたので、人数が少ない分、バスをゆったりと使えて良かったと思いました。

　2日目は世界遺産であるバチカンとローマ歴史地区の終日観光でした。まずは、バチカン市国のサン・ピエトロ大聖堂、システィーナ礼拝堂、午後はコロッセウム、トレビの泉、スペイン広場、サンタ・マリア・イン・

コスメディン教会の「真実の口」を見学しました。夜は本場のカンツォーネを聞きながらの夕食でローマの一日を満喫しました。3日目は、世界遺産のティボリのエステ家別荘とポンペイ遺跡の観光、4日目は高速船でカプリ島へ行き、青の洞窟観光でした。まさに感動の連続でした。

5日目は、ユーロスターでフィレンツェに向かいました。フィレンツェ到着後はウフィッツィ美術館、ドゥオモなどを見学しました。夕食は「R航空日本就航50周年記念パーティー」でした。私と妻は正装して出席したのですが、他の参加者は普通のスーツスタイルでしたし、パーティー自体も主催者側の挨拶を添乗員さんが代読しただけで、内容的にはごく普通のレストランでの夕食と同じでした。そんな内容でしたので、私たちだけ浮いた格好になり、不愉快な気持ちのまま終わってしまいました。

6日目はバスでピサに向かい、ピサの斜塔をはじめとする世界遺産ピサ市内観光を楽しみ、その後ベネチアに向かい、サンマルコ寺院やドゥカーレ宮殿を観光しました。

7日目は世界遺産のベローナの街を散策し、その後ミラノに向かいました。この日の宿泊ホテルは初めてA、B二つのグループが分かれて宿泊することになっていました。私たちBグループはミラノ市の中心から車で20分ほどの郊外にあるXホテルに案内されました。最終案内の日程表には確かにXホテルと印刷されていたのですが、驚いたことにとてもスーペリアクラスとは思えないお粗末な部屋でした。とくに困ったのは夕食でした。この日の夕食はツアー代金に含まれていなかったので、ホテルで食べようと思ったのですが、ホテルのレストランは朝食のみということで、しかもホテルの回りにはレストランらしきものがなく、結局ミラノの中心地までタクシーで行って食べるしかなかったのです。Aグループのホテルはミラノ市の中心でしたので、Bグループは差別されたのです。

8日目、帰国の途に就き、私たちの旅は終わりました。しかし、旅の最後のほうで不愉快なことが続いて起きたので、あまり楽しくない旅だったという印象が心に残りました。

旅行会社とのやりとり

　帰国翌日、私はP社に以下の内容の質問を書いた手紙を送付しました。
　①40名限定のはずがなぜ68名になったのですか。②ミラノのXホテルはどう見てもスーペリアクラスだとは思えません。そもそも40名限定で実施していればあんなひどいホテルに泊まることもなかったはずです。③記念パーティーは普通のレストランでの食事と何ら変わらないものでした。わざわざパーティー用の服や装身具などを購入しなくても良かったのです。
　それから1週間ほどして、P社より次のような手紙が来ました。

> 　O様ご夫妻には今回の旅行にご満足いただけず誠に残念に思います。
> 　①今回のツアーは合計200名の参加者を予定していました。原則1回40名とし五つ設定しました。広告では「40名様限定」とは表示しておりません。延べ人員200名以内で催行したことをご報告させていただきます。
> 　②ミラノのXホテルは、弊社が契約している現地オペレーターの資料ではスーペリアクラスとなっています。さっそく調査したところ、このランク付けは古いデータに基づいたものであることが判明しました。O様を始めBグループの皆様にはご迷惑をお掛けし大変申し訳なく思っております。
> 　③今回の企画はR航空日本就航50周年記念の一環として催行いたしました。当日のパーティーに正装でご出席いただくようなことは一切記載しておりません。大変失礼ですが、O様ご夫妻の思い込みではないでしょうか。ただ、当日予定されていたR航空の幹部が出席できず、皆様に直接ご挨拶できなかったことと、「記念パーティー」といういかにも豪華パーティーを思わせるような表示をしたことについては深くお詫び申し上げます。

　P社はOさんに対し、詫び状を差し上げるとともにツアーの現地費用の半額を支払い、ケースクローズとなりました。

コメント

　ツアーの途中まではどんなに楽しく満足していたとしても、最後のほうでトラブルが発生すると、旅の思い出としては不満足な気持ちが強く残るのが旅行です。

　今回のケースでは、募集パンフレットの表示と旅行の催行の仕方がOさんに誤解を与えてしまったことがトラブルの一番の原因でしょう。P社は「40名限定」とは書いていないと言っていますが、「各出発日とも40名、ただし満員になり次第締め切らせていただきます」と記載されていました。この記載内容では誰でも40名限定と捉えるのではないでしょうか。もし、P社に「40名限定」という気持ちがなく、「人数が増えたらバスを多くしてバスの台数分だけ添乗員の数を増やせばよい」と単純に考えてこのような表示をしていたとすれば、これは明らかに「不当表示」になります。また、40名で実施する場合に比べて68名で実施した結果、無駄な時間が増えるなど旅行の質が落ちた場合は損害賠償の対象にもなり得ます。

　ミラノのXホテルに関しては、おそらく40名を超えてしまっての追加手配で選定されたホテルと思われます。調査の結果、ランク付けは古いデータに基づいたものである、とは苦しい言い訳に聞こえます。これはOさんの指摘が的を射ていたように思えます。

　なお、記念パーティーの表示を見るかぎり、Oさんご夫妻が正装の準備をした事実との関連はあまりなさそうです。これについてはOさんご夫妻の思い込みがあったと思われます。しかし、日本人にとって海外での「パーティー」という言葉の受け取り方はいろいろあります。「正装は必要ありませんが、男性はスーツ・ネクタイの着用をお願いいたします」程度の説明をつけておくべきだったでしょう。

 予防の一言　安易な参加者増の対応はどこかで無理が生じる。とにもかくにも表示には細心の注意が必要。

資料編

reference 1　標準旅行業約款

最終改正：平成二十六年四月二十一日 消費者庁観光庁告示第一号（平成二十六年七月一日から適用）

募集型企画旅行契約の部

第一章 総則

（適用範囲）

第一条　当社が旅行者との間で締結する募集型企画旅行に関する契約（以下「募集型企画旅行契約」といいます。）は、この約款の定めるところによります。この約款に定めのない事項については、法令又は一般に確立された慣習によります。

2　当社が法令に反せず、かつ、旅行者の不利にならない範囲で書面により特約を結んだときは、前項の規定にかかわらず、その特約が優先します。

（用語の定義）

第二条　この約款で「募集型企画旅行」とは、当社が、旅行者の募集のためにあらかじめ、旅行の目的地及び日程、旅行者が提供を受けることができる運送又は宿泊のサービスの内容並びに旅行者が当社に支払うべき旅行代金の額を定めた旅行に関する計画を作成し、これにより実施する旅行をいいます。

2　この約款で「国内旅行」とは、本邦内のみの旅行をいい、「海外旅行」とは、国内旅行以外の旅行をいいます。

3　この部で「通信契約」とは、当社が、当社又は当社の募集型企画旅行を当社を代理して販売する会社が提携するクレジットカード会社（以下「提携会社」といいます。）のカード会員との間で電話、郵便、ファクシミリその他の通信手段による申込みを受けて締結する募集型企画旅行契約であって、当社が旅行者に対して有する募集型企画旅行契約に基づく旅行代金等に係る債権又は債務を、当該債権又は債務が履行されるべき日以降に別に定める提携会社のカード会員規約に従って決済することについて、旅行者があらかじめ承諾し、かつ当該募集型企画旅行契約の旅行代金等を第十二条第二項、第十六条第一項後段、第十九条第二項に定める方法により支払うことを内容とする募集型企画旅行契約をいいます。

4　この部で「電子承諾通知」とは、契約の申込みに対する承諾の通知であって、情報通信の技術を利用する方法のうち当社又は当社の募集型企画旅行を当社を代理して販売する会社が使用する電子計算

機、ファクシミリ装置、テレックス又は電話機（以下「電子計算機等」といいます。）と旅行者が使用する電子計算機等とを接続する電気通信回線を通じて送信する方法により行うものをいいます。

5　この約款で「カード利用日」とは、旅行者又は当社が募集型企画旅行契約に基づく旅行代金等の支払又は払戻債務を履行すべき日をいいます。

（旅行契約の内容）

第三条　当社は、募集型企画旅行契約において、旅行者が当社の定める旅行日程に従って、運送・宿泊機関等の提供する運送、宿泊その他の旅行に関するサービス（以下「旅行サービス」といいます。）の提供を受けることができるように、手配し、旅程を管理することを引き受けます。

（手配代行者）

第四条　当社は、募集型企画旅行契約の履行に当たって、手配の全部又は一部を本邦内又は本邦外の他の旅行業者、手配を業として行う者その他の補助者に代行させることがあります。

第二章　契約の締結

（契約の申込み）

第五条　当社に募集型企画旅行契約の申込みをしようとする旅行者は、当社所定の申込書（以下「申込書」といいます。）に所定の事項を記入の上、当社が別に定める金額の申込金とともに、当社に提出しなければなりません。

2　当社に通信契約の申込みをしようとする旅行者は、前項の規定にかかわらず、申込みをしようとする募集型企画旅行の名称、旅行開始日、会員番号その他の事項（以下次条において「会員番号等」といいます。）を当社に通知しなければなりません。

3　第一項の申込金は、旅行代金又は取消料若しくは違約料の一部として取り扱います。

4　募集型企画旅行の参加に際し、特別な配慮を必要とする旅行者は、契約の申込時に申し出てください。このとき、当社は可能な範囲内でこれに応じます。

5　前項の申出に基づき、当社が旅行者のために講じた特別な措置に要する費用は、旅行者の負担とします。

（電話等による予約）

第六条　当社は、電話、郵便、ファクシミリその他の通信手段による募集型企画旅行契約の予約を受け付けます。この場合、予約の時点では契約は成立しておらず、旅行者は、当社が予約の承諾の旨を通知した後、当社が定める期間内に、前条第一項又は第二項の定めるところにより、当社に申込書と申込金を提出又は会員番号等を通知しなければなりません。

2　前項の定めるところにより申込書と申込金の提出があったとき又は会員番号等の通知があったときは、募集型企画旅行契約の締結の順位は、当該予約の受付の順位によることとなります。

3　旅行者が第一項の期間内に申込金を提出しない場合又は会員番号等を通知しない場合は、当社は、予約がなかったものとして取り扱います。

（契約締結の拒否）

第七条　当社は、次に掲げる場合において、募集型企画旅行契約の締結に応じないことがあります。

　一　当社があらかじめ明示した性別、年齢、資格、技能その他の参加旅行者の条件を満たしていないとき。

　二　応募旅行者数が募集予定数に達したとき。

　三　旅行者が他の旅行者に迷惑を及ぼし、又は団体行動の円滑な実施を妨げるおそれがあるとき。

　四　通信契約を締結しようとする場合であって、旅行者の有するクレジットカードが無効である等、旅行者が旅行代金等に係る債務の一部又は全部を提携会社のカード会員規約に従って決済できないとき。

　五　旅行者が、暴力団員、暴力団準構成員、暴力団関係者、暴力団関係企業又は総会屋等その他の反社会的勢力であると認められるとき。

　六　旅行者が、当社に対して暴力的な要求行為、不当な要求行為、取引に関して脅迫的な言動若しくは暴力を用いる行為又はこれらに準ずる行為を行ったとき。

　七　旅行者が、風説を流布し、偽計を用い若しくは威力を用いて当社の信用を毀損し若しくは当社の業務を妨害する行為又はこれらに準ずる行為を行ったとき。

　八　その他当社の業務上の都合があるとき。

（契約の成立時期）

第八条　募集型企画旅行契約は、当社が契約の締結を承諾し、第五条第一項の申込金を受理した時に成立するものとします。

2　通信契約は、前項の規定にかかわらず、当社が契約の締結を承諾する旨の通知を発した時に成立するものとします。ただし、当該契約において電子承諾通知を発する場合は、当該通知が旅行者に到達した時に成立するものとします。

（契約書面の交付）

第九条　当社は、前条の定める契約の成立後速やかに、旅行者に、旅行日程、旅行サービスの内容、旅行代金その他の旅行条件及び当社の責任に関する事項を記載した書面（以下「契約書面」といいます。）を交付します。

2　当社が募集型企画旅行契約により手配し旅程を管理する義務を負う旅行サービスの範囲は、前項の契約書面に記載するところによります。

（確定書面）

第十条　前条第一項の契約書面において、確定された旅行日程、運送若しくは宿泊機関の名称を記載できない場合には、当該契約書面において利用予定の宿泊機関及び表示上重要な運送機関の名称を限定して列挙した上で、当該契約書面交付後、旅行開始日の前日（旅行開始日の前日から起算してさかのぼって七日目に当たる日以降に募集型企画旅行契約の申込みがなされた場合にあっては、旅行開始日）までの当該契約書面に定める日までに、これらの確定状況を記載した書面（以下「確定書面」といいます。）を交付します。

2　前項の場合において、手配状況の確

認を希望する旅行者から問い合わせがあったときは、確定書面の交付前であっても、当社は迅速かつ適切にこれに回答します。

3　第一項の確定書面を交付した場合には、前条第二項の規定により当社が手配し旅程を管理する義務を負う旅行サービスの範囲は、当該確定書面に記載するところに特定されます。

（情報通信の技術を利用する方法）

第十一条　当社は、あらかじめ旅行者の承諾を得て、募集型企画旅行契約を締結しようとするときに旅行者に交付する旅行日程、旅行サービスの内容、旅行代金その他の旅行条件及び当社の責任に関する事項を記載した書面、契約書面又は確定書面の交付に代えて、情報通信の技術を利用する方法により当該書面に記載すべき事項（以下この条において「記載事項」といいます。）を提供したときは、旅行者の使用する通信機器に備えられたファイルに記載事項が記録されたことを確認します。

2　前項の場合において、旅行者の使用に係る通信機器に記載事項を記録するためのファイルが備えられていないときは、当社の使用する通信機器に備えられたファイル（専ら当該旅行者の用に供するものに限ります。）に記載事項を記録し、旅行者が記載事項を閲覧したことを確認します。

（旅行代金）

第十二条　旅行者は、旅行開始日までの契約書面に記載する期日までに、当社に対し、契約書面に記載する金額の旅行代金を支払わなければなりません。

2　通信契約を締結したときは、当社は、提携会社のカードにより所定の伝票への旅行者の署名なくして契約書面に記載する金額の旅行代金の支払いを受けます。また、カード利用日は旅行契約成立日とします。

第三章　契約の変更

（契約内容の変更）

第十三条　当社は、天災地変、戦乱、暴動、運送・宿泊機関等の旅行サービス提供の中止、官公署の命令、当初の運行計画によらない運送サービスの提供その他の当社の関与し得ない事由が生じた場合において、旅行の安全かつ円滑な実施を図るためやむを得ないときは、旅行者にあらかじめ速やかに当該事由が関与し得ないものである理由及び当該事由との因果関係を説明して、旅行日程、旅行サービスの内容その他の募集型企画旅行契約の内容（以下「契約内容」といいます。）を変更することがあります。ただし、緊急の場合において、やむを得ないときは、変更後に説明します。

（旅行代金の額の変更）

第十四条　募集型企画旅行を実施するに当たり利用する運送機関について適用を受ける運賃・料金（以下この条において「適用運賃・料金」といいます。）が、著しい経済情勢の変化等により、募集型企画旅行の募集の際に明示した時点において有効なものとして公示されている適用運賃・料金に比べて、通常想定される程度を大幅に超えて増額又は減額される場

合においては、当社は、その増額又は減額される金額の範囲内で旅行代金の額を増加し、又は減少することができます。

2　当社は、前項の定めるところにより旅行代金を増額するときは、旅行開始日の前日から起算してさかのぼって十五日目に当たる日より前に旅行者にその旨を通知します。

3　当社は、第一項の定める適用運賃・料金の減額がなされるときは、同項の定めるところにより、その減少額だけ旅行代金を減額します。

4　当社は、前条の規定に基づく契約内容の変更により旅行の実施に要する費用（当該契約内容の変更のためにその提供を受けなかった旅行サービスに対して取消料、違約料その他既に支払い、又はこれから支払わなければならない費用を含みます。）の減少又は増加が生じる場合（費用の増加が、運送・宿泊機関等が当該旅行サービスの提供を行っているにもかかわらず、運送・宿泊機関等の座席、部屋その他の諸設備の不足が発生したことによる場合を除きます。）には、当該契約内容の変更の際にその範囲内において旅行代金の額を変更することがあります。

5　当社は、運送・宿泊機関等の利用人員により旅行代金が異なる旨を契約書面に記載した場合において、募集型企画旅行契約の成立後に当社の責に帰すべき事由によらず当該利用人員が変更になったときは、契約書面に記載したところにより旅行代金の額を変更することがあります。

（旅行者の交替）

第十五条　当社と募集型企画旅行契約を締結した旅行者は、当社の承諾を得て、契約上の地位を第三者に譲り渡すことができます。

2　旅行者は、前項に定める当社の承諾を求めようとするときは、当社所定の用紙に所定の事項を記入の上、所定の金額の手数料とともに、当社に提出しなければなりません。

3　第一項の契約上の地位の譲渡は、当社の承諾があった時に効力を生ずるものとし、以後、旅行契約上の地位を譲り受けた第三者は、旅行者の当該募集型企画旅行契約に関する一切の権利及び義務を承継するものとします。

第四章　契約の解除

（旅行者の解除権）

第十六条　旅行者は、いつでも別表第一に定める取消料を当社に支払って募集型企画旅行契約を解除することができます。通信契約を解除する場合にあっては、当社は、提携会社のカードにより所定の伝票への旅行者の署名なくして取消料の支払いを受けます。

2　旅行者は、次に掲げる場合において、前項の規定にかかわらず、旅行開始前に取消料を支払うことなく募集型企画旅行契約を解除することができます。

　一　当社によって契約内容が変更されたとき。ただし、その変更が別表第二上欄に掲げるものその他の重要なものであるときに限ります。

　二　第十四条第一項の規定に基づいて旅行代金が増額されたとき。

三　天災地変、戦乱、暴動、運送・宿泊機関等の旅行サービス提供の中止、官公署の命令その他の事由が生じた場合において、旅行の安全かつ円滑な実施が不可能となり、又は不可能となるおそれが極めて大きいとき。

四　当社が旅行者に対し、第十条第一項の期日までに、確定書面を交付しなかったとき。

五　当社の責に帰すべき事由により、契約書面に記載した旅行日程に従った旅行の実施が不可能となったとき。

3　旅行者は、旅行開始後において、当該旅行者の責に帰すべき事由によらず契約書面に記載した旅行サービスを受領することができなくなったとき又は当社がその旨を告げたときは、第一項の規定にかかわらず、取消料を支払うことなく、旅行サービスの当該受領することができなくなった部分の契約を解除することができます。

4　前項の場合において、当社は、旅行代金のうち旅行サービスの当該受領することができなくなった部分に係る金額を旅行者に払い戻します。ただし、前項の場合が当社の責に帰すべき事由によらない場合においては、当該金額から、当該旅行サービスに対して取消料、違約料その他の既に支払い、又はこれから支払わなければならない費用に係る金額を差し引いたものを旅行者に払い戻します。

（当社の解除権等－旅行開始前の解除）

第十七条　当社は、次に掲げる場合において、旅行者に理由を説明して、旅行開始前に募集型企画旅行契約を解除することがあります。

一　旅行者が当社があらかじめ明示した性別、年齢、資格、技能その他の参加旅行者の条件を満たしていないことが判明したとき。

二　旅行者が病気、必要な介助者の不在その他の事由により、当該旅行に耐えられないと認められるとき。

三　旅行者が他の旅行者に迷惑を及ぼし、又は団体旅行の円滑な実施を妨げるおそれがあると認められるとき。

四　旅行者が、契約内容に関し合理的な範囲を超える負担を求めたとき。

五　旅行者の数が契約書面に記載した最少催行人員に達しなかったとき。

六　スキーを目的とする旅行における必要な降雪量等の旅行実施条件であって契約の締結の際に明示したものが成就しないおそれが極めて大きいとき。

七　天災地変、戦乱、暴動、運送・宿泊機関等の旅行サービス提供の中止、官公署の命令その他の当社の関与し得ない事由が生じた場合において、契約書面に記載した旅行日程に従った旅行の安全かつ円滑な実施が不可能となり、又は不可能となるおそれが極めて大きいとき。

八　通信契約を締結した場合であって、旅行者の有するクレジットカードが無効になる等、旅行者が旅行代金等に係る債務の一部又は全部を提携会社のカード会員規約に従って決済できなくなったとき。

九　旅行者が第七条第五号から第七号までのいずれかに該当することが判明

したとき。

2　旅行者が第十二条第一項の契約書面に記載する期日までに旅行代金を支払わないときは、当該期日の翌日において旅行者が募集型企画旅行契約を解除したものとします。この場合において、旅行者は、当社に対し、前条第一項に定める取消料に相当する額の違約料を支払わなければなりません。

3　当社は、第一項第五号に掲げる事由により募集型企画旅行契約を解除しようとするときは、旅行開始日の前日から起算してさかのぼって、国内旅行にあっては十三日目（日帰り旅行については、三日目）に当たる日より前に、海外旅行にあっては二十三日目（別表第一に規定するピーク時に旅行を開始するものについては三十三日目）に当たる日より前に、旅行を中止する旨を旅行者に通知します。

（当社の解除権－旅行開始後の解除）
第十八条　当社は、次に掲げる場合において、旅行開始後であっても、旅行者に理由を説明して、募集型企画旅行契約の一部を解除することがあります。

一　旅行者が病気、必要な介助者の不在その他の事由により旅行の継続に耐えられないとき。

二　旅行者が旅行を安全かつ円滑に実施するための添乗員その他の者による当社の指示への違背、これらの者又は同行する他の旅行者に対する暴行又は脅迫等により団体行動の規律を乱し、当該旅行の安全かつ円滑な実施を妨げるとき。

三　旅行者が第七条第五号から第七号までのいずれかに該当することが判明したとき。

四　天災地変、戦乱、暴動、運送・宿泊機関等の旅行サービス提供の中止、官公署の命令その他の当社の関与し得ない事由が生じた場合であって、旅行の継続が不可能となったとき。

2　当社が前項の規定に基づいて募集型企画旅行契約を解除したときは、当社と旅行者との間の契約関係は、将来に向かってのみ消滅します。この場合において、旅行者が既に提供を受けた旅行サービスに関する当社の債務については、有効な弁済がなされたものとします。

3　前項の場合において、当社は、旅行代金のうち旅行者がいまだその提供を受けていない旅行サービスに係る部分に係る金額から、当該旅行サービスに対して取消料、違約料その他の既に支払い、又はこれから支払わなければならない費用に係る金額を差し引いたものを旅行者に払い戻します。

（旅行代金の払戻し）
第十九条　当社は、第十四条第三項から第五項までの規定により旅行代金が減額された場合又は前三条の規定により募集型企画旅行契約が解除された場合において、旅行者に対し払い戻すべき金額が生じたときは、旅行開始前の解除による払戻しにあっては解除の翌日から起算して七日以内に、減額又は旅行開始後の解除による払戻しにあっては契約書面に記載した旅行終了日の翌日から起算して三十日以内に旅行者に対し当該金額を払い戻します。

2　当社は、旅行者と通信契約を締結した場合であって、第十四条第三項から第五項までの規定により旅行代金が減額された場合又は前三条の規定により通信契約が解除された場合において、旅行者に対し払い戻すべき金額が生じたときは、提携会社のカード会員規約に従って、旅行者に対し当該金額を払い戻します。この場合において、当社は、旅行開始前の解除による払戻しにあっては解除の翌日から起算して七日以内に、減額又は旅行開始後の解除による払戻しにあっては契約書面に記載した旅行終了日の翌日から起算して三十日以内に旅行者に対し払い戻すべき額を通知するものとし、旅行者に当該通知を行った日をカード利用日とします。

3　前二項の規定は第二十七条又は第三十条第一項に規定するところにより旅行者又は当社が損害賠償請求権を行使することを妨げるものではありません。

(契約解除後の帰路手配)
第二十条　当社は、第十八条第一項第一号又は第四号の規定によって旅行開始後に募集型企画旅行契約を解除したときは、旅行者の求めに応じて、旅行者が当該旅行の出発地に戻るために必要な旅行サービスの手配を引き受けます。

2　前項の場合において、出発地に戻るための旅行に要する一切の費用は、旅行者の負担とします。

第五章　団体・グループ契約

(団体・グループ契約)
第二十一条　当社は、同じ行程を同時に旅行する複数の旅行者がその責任ある代表者(以下「契約責任者」といいます。)を定めて申し込んだ募集型企画旅行契約の締結については、本章の規定を適用します。

(契約責任者)
第二十二条　当社は、特約を結んだ場合を除き、契約責任者はその団体・グループを構成する旅行者(以下「構成者」といいます。)の募集型企画旅行契約の締結に関する一切の代理権を有しているものとみなし、当該団体・グループに係る旅行業務に関する取引は、当該契約責任者との間で行います。

2　契約責任者は、当社が定める日までに、構成者の名簿を当社に提出しなければなりません。

3　当社は、契約責任者が構成者に対して現に負い、又は将来負うことが予測される債務又は義務については、何らの責任を負うものではありません。

4　当社は、契約責任者が団体・グループに同行しない場合、旅行開始後においては、あらかじめ契約責任者が選任した構成者を契約責任者とみなします。

第六章　旅程管理

(旅程管理)
第二十三条　当社は、旅行者の安全かつ円滑な旅行の実施を確保することに努力し、旅行者に対し次に掲げる業務を行います。ただし、当社が旅行者とこれと異なる特約を結んだ場合には、この限りではありません。

一　旅行者が旅行中旅行サービスを受

けることができないおそれがあると認められるときは、募集型企画旅行契約に従った旅行サービスの提供を確実に受けられるために必要な措置を講ずること。
　二　前号の措置を講じたにもかかわらず、契約内容を変更せざるを得ないときは、代替サービスの手配を行うこと。この際、旅行日程を変更するときは、変更後の旅行日程が当初の旅行日程の趣旨にかなうものとなるよう努めること、また、旅行サービスの内容を変更するときは、変更後の旅行サービスが当初の旅行サービスと同様のものとなるよう努めること等、契約内容の変更を最小限にとどめるよう努力すること。
（当社の指示）
第二十四条　旅行者は、旅行開始後旅行終了までの間において、団体で行動するときは、旅行を安全かつ円滑に実施するための当社の指示に従わなければなりません。
（添乗員等の業務）
第二十五条　当社は、旅行の内容により添乗員その他の者を同行させて第二十三条各号に掲げる業務その他当該募集型企画旅行に付随して当社が必要と認める業務の全部又は一部を行わせることがあります。
2　前項の添乗員その他の者が同項の業務に従事する時間帯は、原則として八時から二十時までとします。
（保護措置）
第二十六条　当社は、旅行中の旅行者が、疾病、傷害等により保護を要する状態に

あると認めたときは、必要な措置を講ずることがあります。この場合において、これが当社の責に帰すべき事由によるものでないときは、当該措置に要した費用は旅行者の負担とし、旅行者は当該費用を当社が指定する期日までに当社の指定する方法で支払わなければなりません。

第七章　責任
（当社の責任）
第二十七条　当社は、募集型企画旅行契約の履行に当たって、当社又は当社が第四条の規定に基づいて手配を代行させた者（以下「手配代行者」といいます。）が故意又は過失により旅行者に損害を与えたときは、その損害を賠償する責に任じます。ただし、損害発生の翌日から起算して二年以内に当社に対して通知があったときに限ります。
2　旅行者が天災地変、戦乱、暴動、運送・宿泊機関等の旅行サービス提供の中止、官公署の命令その他の当社又は当社の手配代行者の関与し得ない事由により損害を被ったときは、当社は、前項の場合を除き、その損害を賠償する責任を負うものではありません。
3　当社は、手荷物について生じた第一項の損害については、同項の規定にかかわらず、損害発生の翌日から起算して、国内旅行にあっては十四日以内に、海外旅行にあっては二十一日以内に当社に対して通知があったときに限り、旅行者一名につき十五万円を限度（当社に故意又は重大な過失がある場合を除きます。）として賠償します。

（特別補償）
第二十八条　当社は、前条第一項の規定に基づく当社の責任が生ずるか否かを問わず、別紙特別補償規程で定めるところにより、旅行者が募集型企画旅行参加中にその生命、身体又は手荷物の上に被った一定の損害について、あらかじめ定める額の補償金及び見舞金を支払います。
２　前項の損害について当社が前条第一項の規定に基づく責任を負うときは、その責任に基づいて支払うべき損害賠償金の額の限度において、当社が支払うべき前項の補償金は、当該損害賠償金とみなします。
３　前項に規定する場合において、第一項の規定に基づく当社の補償金支払義務は、当社が前条第一項の規定に基づいて支払うべき損害賠償金（前項の規定により損害賠償金とみなされる補償金を含みます。）に相当する額だけ縮減するものとします。
４　当社の募集型企画旅行参加中の旅行者を対象として、別途の旅行代金を収受して当社が実施する募集型企画旅行については、主たる募集型企画旅行契約の内容の一部として取り扱います。

（旅程保証）
第二十九条　当社は、別表第二上欄に掲げる契約内容の重要な変更（次の各号に掲げる変更（運送・宿泊機関等が当該旅行サービスの提供を行っているにもかかわらず、運送・宿泊機関等の座席、部屋その他の諸設備の不足が発生したことによるものを除きます。）を除きます。）が生じた場合は、旅行代金に同表下欄に記載する率を乗じた額以上の変更補償金を旅行終了日の翌日から起算して三十日以内に支払います。ただし、当該変更について当社に第二十七条第一項の規定に基づく責任が発生することが明らかである場合には、この限りではありません。
　一　次に掲げる事由による変更
　　イ　天災地変
　　ロ　戦乱
　　ハ　暴動
　　ニ　官公署の命令
　　ホ　運送・宿泊機関等の旅行サービス提供の中止
　　ヘ　当初の運行計画によらない運送サービスの提供
　　ト　旅行参加者の生命又は身体の安全確保のため必要な措置
　二　第十六条から第十八条までの規定に基づいて募集型企画旅行契約が解除されたときの当該解除された部分に係る変更
２　当社が支払うべき変更補償金の額は、旅行者一名に対して一募集型企画旅行につき旅行代金に十五％以上の当社が定める率を乗じた額をもって限度とします。また、旅行者一名に対して一募集型企画旅行につき支払うべき変更補償金の額が千円未満であるときは、当社は、変更補償金を支払いません。
３　当社が第一項の規定に基づき変更補償金を支払った後に、当該変更について当社に第二十七条第一項の規定に基づく責任が発生することが明らかになった場合には、旅行者は当該変更に係る変更補償金を当社に返還しなければなりません。

この場合、当社は、同項の規定に基づき当社が支払うべき損害賠償金の額と旅行者が返還すべき変更補償金の額とを相殺した残額を支払います。

(旅行者の責任)

第三十条　旅行者の故意又は過失により当社が損害を被ったときは、当該旅行者は、損害を賠償しなければなりません。

2　旅行者は、募集型企画旅行契約を締結するに際しては、当社から提供された情報を活用し、旅行者の権利義務その他の募集型企画旅行契約の内容について理解するよう努めなければなりません。

3　旅行者は、旅行開始後において、契約書面に記載された旅行サービスを円滑に受領するため、万が一契約書面と異なる旅行サービスが提供されたと認識したときは、旅行地において速やかにその旨を当社、当社の手配代行者又は当該旅行サービス提供者に申し出なければなりません。

第八章　営業保証金（旅行業協会の保証社員でない場合）

　　【略】

別表第一　取消料（第十六条第一項関係）

一　国内旅行に係る取消料

【略】

二　海外旅行に係る取消料

区分		取消料
（一）本邦出国時又は帰国時に航空機を利用する募集型企画旅行契約（次項に掲げる旅行契約を除く。）		
イ	旅行開始日がピーク時の旅行である場合であって、旅行開始日の前日から起算してさかのぼって四十日目に当たる日以降に解除するとき（ロからニまでに掲げる場合を除く。）	旅行代金の10％以内
ロ	旅行開始日の前日から起算してさかのぼって三十日目に当たる日以降に解除する場合（ハ及びニに掲げる場合を除く。）	旅行代金の20％以内
ハ	旅行開始日の前々日以降に解除する場合（ニに掲げる場合を除く。）	旅行代金の50％以内
ニ	旅行開始後の解除又は無連絡不参加の場合	旅行代金の100％以内
（二）貸切航空機を利用する募集型企画旅行契約		
イ	旅行開始日の前日から起算してさかのぼって九十日目に当たる日以降に解除する場合（ロからニまでに掲げる場合を除く。）	旅行代金の20％以内
ロ	旅行開始日の前日から起算してさかのぼって三十日目に当たる日以降に解除する場合（ハ及びニに掲げる場合を除く。）	旅行代金の50％以内
ハ	旅行開始日の前日から起算してさかのぼって二十日目に当たる日以降に解除する場合（ニに掲げる場合を除く。）	旅行代金の80％以内
ニ	旅行開始日の前日から起算してさかのぼって三日目に当たる日以降の解除又は無連絡不参加の場合	旅行代金の100％以内
（三）本邦出国時及び帰国時に船舶を利用する募集型企画旅行契約		当該船舶に係る取消料の規定によります。
注　「ピーク時」とは、十二月二十日から一月七日まで、四月二十七日から五月六日まで及び七月二十日から八月三十一日までをいいます。		
備考　（一）取消料の金額は、契約書面に明示します。 （二）本表の適用に当たって「旅行開始後」とは、別紙特別補償規程第二条第三項に規定する「サービスの提供を受けることを開始した時」以降をいいます。		

別表第二　変更補償金（第二十九条第一項関係）

変更補償金の支払いが必要となる変更	一件あたりの率（％）	
	旅行開始前	旅行開始後
一　契約書面に記載した旅行開始日又は旅行終了日の変更	1.5	3.0
二　契約書面に記載した入場する観光地又は観光施設（レストランを含みます。）その他の旅行の目的地の変更	1.0	2.0
三　契約書面に記載した運送機関の等級又は設備のより低い料金のものへの変更（変更後の等級及び設備の料金の合計額が契約書面に記載した等級及び設備のそれを下回った場合に限ります。）	1.0	2.0
四　契約書面に記載した運送機関の種類又は会社名の変更	1.0	2.0
五　契約書面に記載した本邦内の旅行開始地たる空港又は旅行終了地たる空港の異なる便への変更	1.0	2.0
六　契約書面に記載した本邦内と本邦外との間における直行便の乗継便又は経由便への変更	1.0	2.0
七　契約書面に記載した宿泊機関の種類又は名称の変更	1.0	2.0
八　契約書面に記載した宿泊機関の客室の種類、設備、景観その他の客室の条件の変更	1.0	2.0
九　前各号に掲げる変更のうち契約書面のツアー・タイトル中に記載があった事項の変更	2.5	5.0

注一　「旅行開始前」とは、当該変更について旅行開始日の前日までに旅行者に通知した場合をいい、「旅行開始後」とは、当該変更について旅行開始当日以降に旅行者に通知した場合をいいます。

注二　確定書面が交付された場合には、「契約書面」とあるのを「確定書面」と読み替えた上で、この表を適用します。この場合において、契約書面の記載内容と確定書面の記載内容との間又は確定書面の記載内容と実際に提供された旅行サービスの内容との間に変更が生じたときは、それぞれの変更につき一件として取り扱います。

注三　第三号又は第四号に掲げる変更に係る運送機関が宿泊設備の利用を伴うものである場合は、一泊につき一件として取り扱います。

注四　第四号に掲げる運送機関の会社名の変更については、等級又は設備がより高いものへの変更を伴う場合には適用しません。

注五　第四号又は第七号若しくは第八号に掲げる変更が一乗車船等又は一泊の中で複数生じた場合であっても、一乗車船等又は一泊につき一件として取り扱います。

注六　第九号に掲げる変更については、第一号から第八号までの率を適用せず、第九号によります。

特別補償規程

第一章　補償金等の支払い
（当社の支払責任）
第一条　当社は、当社が実施する企画旅行に参加する旅行者が、その企画旅行参加中に急激かつ偶然な外来の事故（以下「事故」といいます。）によって身体に傷害を被ったときに、本章から第四章までの規定により、旅行者又はその法定相続人に死亡補償金、後遺障害補償金、入院見舞金及び通院見舞金（以下「補償金等」といいます。）を支払います。
2　前項の傷害には、身体外部から有毒ガス又は有毒物質を偶然かつ一時に吸入、吸収又は摂取したときに急激に生ずる中毒症状（継続的に吸入、吸収又は摂取した結果生ずる中毒症状を除きます。）を含みます。ただし、細菌性食物中毒は含みません。

（用語の定義）
第二条　この規程において「企画旅行」とは、標準旅行業約款募集型企画旅行契約の部第二条第一項及び受注型企画旅行契約の部第二条第一項に定めるものをいいます。
2　この規程において「企画旅行参加中」とは、旅行者が企画旅行に参加する目的をもって当社があらかじめ手配した乗車券類等によって提供される当該企画旅行日程に定める最初の運送・宿泊機関等のサービスの提供を受けることを開始した時から最後の運送・宿泊機関等のサービスの提供を受けることを完了した時までの期間をいいます。ただし、旅行者があらかじめ定められた企画旅行の行程から離脱する場合において、離脱及び復帰の予定日時をあらかじめ当社に届け出ていたときは、離脱の時から復帰の予定の時までの間は「企画旅行参加中」とし、また、旅行者が離脱及び復帰の予定日時をあらかじめ当社に届け出ることなく離脱したとき又は復帰の予定なく離脱したときは、その離脱の時から復帰の時までの間又はその離脱した時から後は「企画旅行参加中」とはいたしません。また、当該企画旅行日程に、旅行者が当社の手配に係る運送・宿泊機関等のサービスの提供を一切受けない日（旅行地の標準時によります。）が定められている場合において、その旨及び当該日に生じた事故によって旅行者が被った損害に対しこの規程による補償金及び見舞金の支払いが行われない旨を契約書面に明示したときは、当該日は「企画旅行参加中」とはいたしません。
3　前項の「サービスの提供を受けることを開始した時」とは、次の各号のいずれかの時をいいます。
一　添乗員、当社の使用人又は代理人が受付を行う場合は、その受付完了時
二　前号の受付が行われない場合において、最初の運送・宿泊機関等が、
　　イ　航空機であるときは、乗客のみが入場できる飛行場構内における手荷物の検査等の完了時

ロ　船舶であるときは、乗船手続の完了時
　ハ　鉄道であるときは、改札の終了時又は改札のないときは当該列車乗車時
　ニ　車両であるときは、乗車時
　ホ　宿泊機関であるときは、当該施設への入場時
　ヘ　宿泊機関以外の施設であるときは、当該施設の利用手続終了時とします。

4　第二項の「サービスの提供を受けることを完了した時」とは、次の各号のいずれかの時をいいます。
　一　添乗員、当社の使用人又は代理人が解散を告げる場合は、その告げた時
　二　前号の解散の告知が行われない場合において、最後の運送・宿泊機関等が、
　　イ　航空機であるときは、乗客のみが入場できる飛行場構内からの退場時
　　ロ　船舶であるときは、下船時
　　ハ　鉄道であるときは、改札終了時又は改札のないときは当該列車降車時
　　ニ　車両であるときは、降車時
　　ホ　宿泊機関であるときは、当該施設からの退場時
　　ヘ　宿泊機関以外の施設であるときは、当該施設からの退場時とします。

第二章　補償金等を支払わない場合

（補償金等を支払わない場合－その一）
第三条　当社は、次の各号に掲げる事由によって生じた傷害に対しては補償金等を支払いません。
　一　旅行者の故意。ただし、当該旅行者以外の者が被った傷害については、この限りではありません。
　二　死亡補償金を受け取るべき者の故意。ただし、その者が死亡補償金の一部の受取人である場合には、他の者が受け取るべき金額については、この限りではありません。
　三　旅行者の自殺行為、犯罪行為又は闘争行為。ただし、当該旅行者以外の者が被った傷害については、この限りではありません。
　四　旅行者が法令に定められた運転資格を持たないで、又は酒に酔って正常な運転ができないおそれがある状態で自動車又は原動機付自転車を運転している間に生じた事故。ただし、当該旅行者以外の者が被った傷害については、この限りではありません。
　五　旅行者が故意に法令に違反する行為を行い、又は法令に違反するサービスの提供を受けている間に生じた事故。ただし、当該旅行者以外の者が被った損害については、この限りではありません。
　六　旅行者の脳疾患、疾病又は心神喪失。ただし、当該旅行者以外の者が被った傷害については、この限りではありません。
　七　旅行者の妊娠、出産、早産、流産又は外科的手術その他の医療処置。ただし、当社の補償すべき傷害を治療する場合には、この限りではありません。

八　旅行者の刑の執行又は拘留若しくは入監中に生じた事故

九　戦争、外国の武力行使、革命、政権奪取、内乱、武装反乱その他これらに類似の事変又は暴動（この規程においては、群衆又は多数の者の集団の行動によって、全国又は一部の地区において著しく平穏が害され、治安維持上重大な事態と認められる状態をいいます。）

十　核燃料物質（使用済燃料を含みます。以下同様とします。）若しくは核燃料物質によって汚染された物（原子核分裂生成物を含みます。）の放射性、爆発性その他の有害な特性又はこれらの特性による事故

十一　前二号の事由に随伴して生じた事故又はこれらに伴う秩序の混乱に基づいて生じた事故

十二　第十号以外の放射線照射又は放射能汚染

2　当社は、原因のいかんを問わず、頸部症候群（いわゆる「むちうち症」）又は腰痛で他覚症状のないものに対して、補償金等を支払いません。

（補償金等を支払わない場合－その二）

第四条　当社は、国内旅行を目的とする企画旅行の場合においては、前条に定めるほか、次の各号に掲げる事由によって生じた傷害に対しても、補償金等を支払いません。

一　地震、噴火又は津波

二　前号の事由に随伴して生じた事故又はこれらに伴う秩序の混乱に基づいて生じた事故

（補償金等を支払わない場合－その三）

第五条　当社は、次の各号に掲げる傷害に対しては、各号の行為が当社があらかじめ定めた企画旅行の旅行日程に含まれている場合でなければ、補償金等を支払いません。ただし、各号の行為が当該旅行日程に含まれている場合においては、旅行日程外の企画旅行参加中に、同種の行為によって生じた傷害に対しても、補償金等を支払います。

一　旅行者が別表第一に定める運動を行っている間に生じた傷害

二　旅行者が自動車、原動機付自転車又はモーターボートによる競技、競争、興行（いずれも練習を含みます。）又は試運転（性能試験を目的とする運転又は操縦をいいます。）をしている間に生じた傷害。ただし、自動車又は原動機付自転車を用いて道路上でこれらのことを行っている間に生じた傷害については、企画旅行の旅行日程に含まれていなくとも補償金等を支払います。

三　航空運送事業者が路線を定めて運行する航空機（定期便であると不定期便であるとを問いません。）以外の航空機を旅行者が操縦している間に生じた傷害

（補償金等を支払わない場合－その四）

第五条の二　当社は、旅行者又は死亡補償金を受け取るべき者が次の各号に掲げるいずれかに該当する事由がある場合には、補償金等を支払わないことがあります。ただし、その者が死亡補償金の一部の受取人である場合には、他の者が受け取るべき金額については、この限りでは

ありません。
　一　暴力団、暴力団員、暴力団準構成員、暴力団関係企業その他の反社会的勢力（以下「反社会的勢力」といいます。）に該当すると認められること。
　二　反社会的勢力に対して資金等を提供し、又は便宜を供与する等の関与をしていると認められること。
　三　反社会的勢力を不当に利用していると認められること。
　四　その他反社会的勢力と社会的に非難されるべき関係を有していると認められること。

第三章　補償金等の種類及び支払額

（死亡補償金の支払い）
第六条　当社は、旅行者が第一条の傷害を被り、その直接の結果として、事故の日から百八十日以内に死亡した場合は、旅行者一名につき、海外旅行を目的とする企画旅行においては二千五百万円、国内旅行を目的とする企画旅行においては千五百万円（以下「補償金額」といいます。）を死亡補償金として旅行者の法定相続人に支払います。ただし、当該旅行者について、既に支払った後遺障害補償金がある場合は、補償金額から既に支払った金額を控除した残額を支払います。

（後遺障害補償金の支払い）
第七条　当社は、旅行者が第一条の傷害を被り、その直接の結果として、事故の日から百八十日以内に後遺障害（身体に残された将来においても回復できない機能の重大な障害又は身体の一部の欠損で、かつ、その原因となった傷害が治った後のものをいいます。以下同様とします。）が生じた場合は、旅行者一名につき、補償金額に別表第二の各号に掲げる割合を乗じた額を後遺障害補償金として旅行者に支払います。

2　前項の規定にかかわらず、旅行者が事故の日から百八十日を超えてなお治療を要する状態にあるときは、当社は、事故の日から百八十一日目における医師の診断に基づき後遺障害の程度を認定して、後遺障害補償金を支払います。

3　別表第二の各号に掲げていない後遺障害に対しては、旅行者の職業、年齢、社会的地位等に関係なく、身体の障害の程度に応じ、かつ、別表第二の各号の区分に準じ後遺障害補償金の支払額を決定します。ただし、別表第二の一（三）、一（四）、二（三）、四（四）及び五（二）に掲げる機能障害に至らない障害に対しては、後遺障害補償金を支払いません。

4　同一事故により二種以上の後遺障害が生じた場合には、当社は、その各々に対し前三項を適用し、その合計額を支払います。ただし、別表第二の七、八及び九に規定する上肢（腕及び手）又は下肢（脚及び足）の後遺障害に対しては、一肢ごとの後遺障害補償金は、補償金額の六〇％をもって限度とします。

5　前各項に基づいて当社が支払うべき後遺障害補償金の額は、旅行者一名に対して一企画旅行につき、補償金額をもって限度とします。

（入院見舞金の支払い）
第八条　当社は、旅行者が第一条の傷害を被り、その直接の結果として、平常の

業務に従事すること又は平常の生活ができなくなり、かつ、入院（医師による治療が必要な場合において、自宅等での治療が困難なため、病院又は診療所に入り、常に医師の管理下において治療に専念することをいいます。以下この条において同様とします。）した場合は、その日数（以下「入院日数」といいます。）に対し、次の区分に従って入院見舞金を旅行者に支払います。

一　海外旅行を目的とする企画旅行の場合
　　イ　入院日数百八十日以上の傷害を被ったとき。　四十万円
　　ロ　入院日数九十日以上百八十日未満の傷害を被ったとき。　二十万円
　　ハ　入院日数七日以上九十日未満の傷害を被ったとき。　十万円
　　ニ　入院日数七日未満の傷害を被ったとき。　四万円
二　国内旅行を目的とする企画旅行の場合　【略】

2　旅行者が入院しない場合においても、別表第三の各号のいずれかに該当し、かつ、医師の治療を受けたときは、その状態にある期間については、前項の規定の適用上、入院日数とみなします。

3　当社は、旅行者一名について入院見舞金と死亡補償金又は入院見舞金と後遺障害補償金を重ねて支払うべき場合には、その合計額を支払います。

（通院見舞金の支払い）
第九条　当社は、旅行者が第一条の傷害を被り、その直接の結果として、平常の業務に従事すること又は平常の生活に支障が生じ、かつ、通院（医師による治療が必要な場合において、病院又は診療所に通い、医師の治療を受けること（往診を含みます。）をいいます。以下この条において同様とします。）した場合において、その日数（以下「通院日数」といいます。）が三日以上となったときは、当該日数に対し、次の区分に従って通院見舞金を旅行者に支払います。

一　海外旅行を目的とする企画旅行の場合
　　イ　通院日数九十日以上の傷害を被ったとき。　十万円
　　ロ　通院日数七日以上九十日未満の傷害を被ったとき。　五万円
　　ハ　通院日数三日以上七日未満の傷害を被ったとき。　二万円
二　国内旅行を目的とする企画旅行の場合　【略】

2　旅行者が通院しない場合においても、骨折等の傷害を被った部位を固定するために医師の指示によりギプス等を常時装着した結果、平常の業務に従事すること又は平常の生活に著しい支障が生じたと当社が認めたときは、その状態にある期間については、前項の規定の適用上、通院日数とみなします。

3　当社は、平常の業務に従事すること又は平常の生活に支障がない程度に傷害が治ったとき以降の通院に対しては、通院見舞金を支払いません。

4　当社は、いかなる場合においても、事故の日から百八十日を経過した後の通院に対しては、通院見舞金を支払いません。

5　当社は、旅行者一名について通院見舞金と死亡補償金又は通院見舞金と後遺障害補償金を重ねて支払うべき場合には、その合計額を支払います。

（入院見舞金及び通院見舞金の支払いに関する特則）
第十条　当社は、旅行者一名について入院日数及び通院日数がそれぞれ一日以上となった場合は、前二条の規定にかかわらず、次の各号に掲げる見舞金のうちいずれか金額の大きいもの（同額の場合には、第一号に掲げるもの）のみを支払います。
　一　当該入院日数に対し当社が支払うべき入院見舞金
　二　当該通院日数（当社が入院見舞金を支払うべき期間中のものを除きます。）に当該入院日数を加えた日数を通院日数とみなした上で、当該日数に対し当社が支払うべき通院見舞金

（死亡の推定）
第十一条　旅行者が搭乗する航空機若しくは船舶が行方不明となってから、又は遭難してから三十日を経過してもなお旅行者が発見されないときは、航空機若しくは船舶が行方不明となった日又は遭難した日に、旅行者が第一条の傷害によって死亡したものと推定します。

（他の身体障害又は疾病の影響）
第十二条　旅行者が第一条の傷害を被ったとき既に存在していた身体障害若しくは疾病の影響により、又は第一条の傷害を被った後にその原因となった事故と関係なく発生した傷害若しくは疾病の影響により第一条の傷害が重大となったときは、その影響がなかった場合に相当する金額を決定してこれを支払います。

第四章　事故の発生及び補償金等の請求の手続
【略】

第五章　携帯品損害補償
（当社の支払責任）
第十六条　当社は、当社が実施する企画旅行に参加する旅行者が、その企画旅行参加中に生じた偶然な事故によってその所有の身の回り品（以下「補償対象品」といいます。）に損害を被ったときに、本章の規定により、携帯品損害補償金（以下「損害補償金」といいます。）を支払います。

（損害補償金を支払わない場合－その一）
第十七条　当社は、次の各号に掲げる事由によって生じた損害に対しては、損害補償金を支払いません。
　一　旅行者の故意。ただし、当該旅行者以外の者が被った損害については、この限りではありません。
　二　旅行者と世帯を同じくする親族の故意。ただし、旅行者に損害補償金を受け取らせる目的でなかった場合は、この限りではありません。
　三　旅行者の自殺行為、犯罪行為又は闘争行為。ただし、当該旅行者以外の者が被った損害については、この限りではありません。
　四　旅行者が法令に定められた運転資格を持たないで、又は酒に酔って正常な運転ができないおそれがある状態で

自動車又は原動機付自転車を運転している間に生じた事故。ただし、当該旅行者以外の者が被った損害については、この限りではありません。

五　旅行者が故意に法令に違反する行為を行い、又は法令に違反するサービスの提供を受けている間に生じた事故。ただし、当該旅行者以外の者が被った損害については、この限りではありません。

六　差押え、徴発、没収、破壊等国又は公共団体の公権力の行使。ただし、火災消防又は避難に必要な処置としてなされた場合を除きます。

七　補償対象品の瑕疵。ただし、旅行者又はこれに代わって補償対象品を管理する者が相当の注意をもってしても発見し得なかった瑕疵を除きます。

八　補償対象品の自然の消耗、さび、かび、変色、ねずみ食い、虫食い等

九　単なる外観の損傷であって補償対象品の機能に支障をきたさない損害

十　補償対象品である液体の流出。ただし、その結果として他の補償対象品に生じた損害については、この限りではありません。

十一　補償対象品の置き忘れ又は紛失

十二　第三条第一項第九号から第十二号までに掲げる事由

2　当社は、国内旅行を目的とする企画旅行の場合においては、前項に定めるほか、次の各号に掲げる事由によって生じた損害に対しても、損害補償金を支払いません。

一　地震、噴火又は津波

二　前号の事由に随伴して生じた事故又はこれらに伴う秩序の混乱に基づいて生じた事故

（損害補償金を支払わない場合－その二）

第十七条の二　当社は、旅行者が次の各号に掲げるいずれかに該当する事由がある場合には、損害補償金を支払わないことがあります。

一　反社会的勢力に該当すると認められること。

二　反社会的勢力に対して資金等を提供し、又は便宜を供与する等の関与をしていると認められること。

三　反社会的勢力を不当に利用していると認められること。

四　法人である場合において、反社会的勢力がその法人を支配し、又はその法人の経営に実質的に関与していると認められること。

五　その他反社会的勢力と社会的に非難されるべき関係を有していると認められること。

（補償対象品及びその範囲）

第十八条　補償対象品は、旅行者が企画旅行参加中に携行するその所有の身の回り品に限ります。

2　前項の規定にかかわらず、次の各号に掲げるものは、補償対象品に含まれません。

一　現金、小切手その他の有価証券、印紙、切手その他これらに準ずるもの

二　クレジットカード、クーポン券、航空券、パスポートその他これらに準ずるもの

三　稿本、設計書、図案、帳簿その他

これらに準ずるもの（磁気テープ、磁気ディスク、シー・ディー・ロム、光ディスク等情報機器（コンピュータ及びその端末装置等の周辺機器）で直接処理を行える記録媒体に記録されたものを含みます。）

四　船舶（ヨット、モーターボート及びボートを含みます。）及び自動車、原動機付自転車及びこれらの付属品

五　山岳登はん用具、探検用具その他これらに類するもの

六　義歯、義肢、コンタクトレンズその他これらに類するもの

七　動物及び植物

八　その他当社があらかじめ指定するもの

（損害額及び損害補償金の支払額）

第十九条　当社が損害補償金を支払うべき損害の額（以下「損害額」といいます。）は、その損害が生じた地及び時における補償対象品の価額又は補償対象品を損害発生の直前の状態に復するに必要な修繕費及び次条第三項の費用の合計額のいずれか低い方の金額を基準として定めることとします。

2　補償対象品の一個又は一対についての損害額が十万円を超えるときは、当社は、そのものの損害の額を十万円とみなして前項の規定を適用します。

3　当社が支払うべき損害補償金の額は、旅行者一名に対して一企画旅行につき十五万円をもって限度とします。ただし、損害額が旅行者一名について一回の事故につき三千円を超えない場合は、当社は、損害補償金を支払いません。

（損害の防止等）

第二十条　旅行者は、補償対象品について第十六条に規定する損害が発生したことを知ったときは、次の事項を履行しなければなりません。

一　損害の防止軽減に努めること。

二　損害の程度、原因となった事故の概要及び旅行者が損害を被った補償対象品についての保険契約の有無を、遅滞なく当社に通知すること。

三　旅行者が他人から損害の賠償を受けることができる場合は、その権利の行使について必要な手続をとること。

2　当社は、旅行者が正当な理由なく前項第一号に違反したときは、防止軽減することができたと認められる額を差し引いた残額を損害の額とみなし、同項第二号に違反したときは、損害補償金を支払わず、また、同項第三号に違反したときは、取得すべき権利の行使によって受けることができたと認められる額を差し引いた残額を損害の額とみなします。

3　当社は、次に掲げる費用を支払います。

一　第一項第一号に規定する損害の防止軽減のために要した費用のうちで当社が必要又は有益であったと認めたもの

二　第一項第三号に規定する手続のために必要な費用

（損害補償金の請求）

第二十一条　旅行者は、損害補償金の支払いを受けようとするときは、当社に対し、当社所定の損害補償金請求書及び次に掲げる書類を提出しなければなりませ

ん。【以下略】

2　旅行者が前項の規定に違反したとき又は提出書類につき故意に不実のことを表示し、又はその書類を偽造若しくは変造したとき（第三者をしてなさしめたときも、同様とします。）は、当社は、損害補償金を支払いません。

（保険契約がある場合）

第二十二条　第十六条の損害に対して保険金を支払うべき保険契約がある場合は、当社は、当社が支払うべき損害補償金の額を減額することがあります。

（代位）

第二十三条　当社が損害補償金を支払うべき損害について、旅行者が第三者に対して損害賠償請求権を有する場合には、その損害賠償請求権は、当社が旅行者に支払った損害補償金の額の限度内で当社に移転します。

別表第一（第五条第一号関係）

山岳登はん（ピッケル、アイゼン、ザイル、ハンマー等の登山用具を使用するもの）リュージュ ボブスレー スカイダイビング ハンググライダー搭乗 超軽量動力機（モーターハンググライダー、マイクロライト機、ウルトラライト機等）搭乗 ジャイロプレーン搭乗その他これらに類する危険な運動

別表第二（第七条第一項、第三項及び第四項関係）

【略】

別表第三（第八条第二項関係）

一　両眼の矯正視力が〇・〇六以下になっていること。
二　そしゃく又は言語の機能を失っていること。
三　両耳の聴力を失っていること。
四　両上肢の手関節以上のすべての関節の機能を失っていること。
五　一下肢の機能を失っていること。
六　胸腹部臓器の障害のため身体の自由が主に摂食、洗面等の起居動作に限られていること。
七　神経系統又は精神の障害のため身体の自由が主に摂食、洗面等の起居動作に限られていること。
八　その他上記部位の合併障害等のため身体の自由が主に摂食、洗面等の起居動作に限られていること。

（注）第四号の規定中「以上」とは、当該関節より心臓に近い部分をいいます。

reference 2　不当景品類及び不当表示防止法（景表法）
（昭和三十七年法律第百三十四号）

（目的）
第一条　この法律は、商品及び役務の取引に関連する不当な景品類及び表示による顧客の誘引を防止するため、一般消費者による自主的かつ合理的な選択を阻害するおそれのある行為の制限及び禁止について定めることにより、一般消費者の利益を保護することを目的とする。

（定義）
第二条　この法律で「事業者」とは、商業、工業、金融業その他の事業を行う者をいい、当該事業を行う者の利益のためにする行為を行う役員、従業員、代理人その他の者は、次項及び第十一条の規定の適用については、これを当該事業者とみなす。

2　この法律で「事業者団体」とは、事業者としての共通の利益を増進することを主たる目的とする二以上の事業者の結合体又はその連合体をいい、次に掲げる形態のものを含む。ただし、二以上の事業者の結合体又はその連合体であつて、資本又は構成事業者（事業者団体の構成員である事業者をいう。第二十条において同じ。）の出資を有し、営利を目的として商業、工業、金融業その他の事業を営むことを主たる目的とし、かつ、現にその事業を営んでいるものを含まないものとする。

　一　二以上の事業者が社員（社員に準ずるものを含む。）である一般社団法人その他の社団

　二　二以上の事業者が理事又は管理人の任免、業務の執行又はその存立を支配している一般財団法人その他の財団

　三　二以上の事業者を組合員とする組合又は契約による二以上の事業者の結合体

3　この法律で「景品類」とは、顧客を誘引するための手段として、その方法が直接的であるか間接的であるかを問わず、くじの方法によるかどうかを問わず、事業者が自己の供給する商品又は役務の取引（不動産に関する取引を含む。以下同じ。）に付随して相手方に提供する物品、金銭その他の経済上の利益であつて、内閣総理大臣が指定するものをいう。

4　この法律で「表示」とは、顧客を誘引するための手段として、事業者が自己の供給する商品又は役務の内容又は取引条件その他これらの取引に関する事項について行う広告その他の表示であつて、内閣総理大臣が指定するものをいう。

（景品類の制限及び禁止）
第三条　内閣総理大臣は、不当な顧客の誘引を防止し、一般消費者による自主的かつ合理的な選択を確保するため必要があると認めるときは、景品類の価額の最高額若しくは総額、種類若しくは提供の方法その他景品類の提供に関する事項を

制限し、又は景品類の提供を禁止することができる。

（不当な表示の禁止）
第四条　事業者は、自己の供給する商品又は役務の取引について、次の各号のいずれかに該当する表示をしてはならない。
　一　商品又は役務の品質、規格その他の内容について、一般消費者に対し、実際のものよりも著しく優良であると示し、又は事実に相違して当該事業者と同種若しくは類似の商品若しくは役務を供給している他の事業者に係るものよりも著しく優良であると示す表示であつて、不当に顧客を誘引し、一般消費者による自主的かつ合理的な選択を阻害するおそれがあると認められるもの
　二　商品又は役務の価格その他の取引条件について、実際のもの又は当該事業者と同種若しくは類似の商品若しくは役務を供給している他の事業者に係るものよりも取引の相手方に著しく有利であると一般消費者に誤認される表示であつて、不当に顧客を誘引し、一般消費者による自主的かつ合理的な選択を阻害するおそれがあると認められるもの
　三　前二号に掲げるもののほか、商品又は役務の取引に関する事項について一般消費者に誤認されるおそれがある表示であつて、不当に顧客を誘引し、一般消費者による自主的かつ合理的な選択を阻害するおそれがあると認めて内閣総理大臣が指定するもの
2　内閣総理大臣は、事業者がした表示が前項第一号に該当するか否かを判断するため必要があると認めるときは、当該表示をした事業者に対し、期間を定めて、当該表示の裏付けとなる合理的な根拠を示す資料の提出を求めることができる。この場合において、当該事業者が当該資料を提出しないときは、第六条の規定の適用については、当該表示は同号に該当する表示とみなす。

（公聴会等及び告示）
第五条　内閣総理大臣は、第二条第三項若しくは第四項若しくは前条第一項第三号の規定による指定若しくは第三条の規定による制限若しくは禁止をし、又はこれらの変更若しくは廃止をしようとするときは、内閣府令で定めるところにより、公聴会を開き、関係事業者及び一般の意見を求めるとともに、消費者委員会の意見を聴かなければならない。
2　前項に規定する指定並びに制限及び禁止並びにこれらの変更及び廃止は、告示によつて行うものとする。

（措置命令）
第六条　内閣総理大臣は、第三条の規定による制限若しくは禁止又は第四条第一項の規定に違反する行為があるときは、当該事業者に対し、その行為の差止め若しくはその行為が再び行われることを防止するために必要な事項又はこれらの実施に関連する公示その他必要な事項を命ずることができる。その命令は、当該違反行為が既になくなつている場合においても、次に掲げる者に対し、することができる。
　一　当該違反行為をした事業者

二　当該違反行為をした事業者が法人である場合において、当該法人が合併により消滅したときにおける合併後存続し、又は合併により設立された法人

三　当該違反行為をした事業者が法人である場合において、当該法人から分割により当該違反行為に係る事業の全部又は一部を承継した法人

四　当該違反行為をした事業者から当該違反行為に係る事業の全部又は一部を譲り受けた事業者

（事業者が講ずべき景品類の提供及び表示の管理上の措置）

第七条　事業者は、自己の供給する商品又は役務の取引について、景品類の提供又は表示により不当に顧客を誘引し、一般消費者による自主的かつ合理的な選択を阻害することのないよう、景品類の価額の最高額、総額その他の景品類の提供に関する事項及び商品又は役務の品質、規格その他の内容に係る表示に関する事項を適正に管理するために必要な体制の整備その他の必要な措置を講じなければならない。

2　内閣総理大臣は、前項の規定に基づき事業者が講ずべき措置に関して、その適切かつ有効な実施を図るために必要な指針（以下この条において単に「指針」という。）を定めるものとする。

3　内閣総理大臣は、指針を定めようとするときは、あらかじめ、事業者の事業を所管する大臣及び公正取引委員会に協議するとともに、消費者委員会の意見を聴かなければならない。

4　内閣総理大臣は、指針を定めたときは、遅滞なく、これを公表するものとする。

5　前二項の規定は、指針の変更について準用する。

（指導及び助言）

第八条　【略】

（勧告及び公表）

第八条の二　内閣総理大臣は、事業者が正当な理由がなくて第七条第一項の規定に基づき事業者が講ずべき措置を講じていないと認めるときは、当該事業者に対し、景品類の提供又は表示の管理上必要な措置を講ずべき旨の勧告をすることができる。

2　内閣総理大臣は、前項の規定による勧告を行つた場合において当該事業者がその勧告に従わないときは、その旨を公表することができる。

（報告の徴収及び立入検査等）

第九条　内閣総理大臣は、第六条の規定による命令又は前条第一項の規定による勧告を行うため必要があると認めるときは、当該事業者若しくはその者とその事業に関して関係のある事業者に対し、その業務若しくは財産に関して報告をさせ、若しくは帳簿書類その他の物件の提出を命じ、又はその職員に、当該事業者若しくはその者とその事業に関して関係のある事業者の事務所、事業所その他その事業を行う場所に立ち入り、帳簿書類その他の物件を検査させ、若しくは関係者に質問させることができる。

2　前項の規定により立入検査をする職員は、その身分を示す証明書を携帯し、関係者に提示しなければならない。

3　第一項の規定による権限は、犯罪捜査のために認められたものと解釈してはならない。
(適格消費者団体の差止請求権等)
第十条　【略】
(協定又は規約)
第十一条　事業者又は事業者団体は、内閣府令で定めるところにより、景品類又は表示に関する事項について、内閣総理大臣及び公正取引委員会の認定を受けて、不当な顧客の誘引を防止し、一般消費者による自主的かつ合理的な選択及び事業者間の公正な競争を確保するための協定又は規約を締結し、又は設定することができる。これを変更しようとするときも、同様とする。
2～5項　【略】
(権限の委任等)
第十二条　【略】
(内閣府令への委任)
第十三条　【略】
(協議)
第十四条　【略】
(関係者相互の連携)
第十五条　【略】
(罰則)
第十六条　第六条の規定による命令に違反した者は、二年以下の懲役又は三百万円以下の罰金に処する。
2　前項の罪を犯した者には、情状により、懲役及び罰金を併科することができる。
第十七条　第九条第一項の規定による報告若しくは物件の提出をせず、若しくは虚偽の報告若しくは虚偽の物件の提出をし、又は同項の規定による検査を拒み、妨げ、若しくは忌避し、若しくは同項の規定による質問に対して答弁をせず、若しくは虚偽の答弁をした者は、一年以下の懲役又は三百万円以下の罰金に処する。
第十八条　法人の代表者又は法人若しくは人の代理人、使用人その他の従業者が、その法人又は人の業務又は財産に関して、次の各号に掲げる規定の違反行為をしたときは、行為者を罰するほか、その法人又は人に対しても、当該各号に定める罰金刑を科する。
　一　第十六条第一項　三億円以下の罰金刑
　二　前条　同条の罰金刑
2～3項　【略】
第十九条　【略】
第二十条　【略】

reference 3　消費者契約法（一部抜粋）

（平成十二年五月十二日法律第六十一号）

第一章　総則
（目的）
第一条　この法律は、消費者と事業者との間の情報の質及び量並びに交渉力の格差にかんがみ、事業者の一定の行為により消費者が誤認し、又は困惑した場合について契約の申込み又はその承諾の意思表示を取り消すことができることとするとともに、事業者の損害賠償の責任を免除する条項その他の消費者の利益を不当に害することとなる条項の全部又は一部を無効とするほか、消費者の被害の発生又は拡大を防止するため適格消費者団体が事業者等に対し差止請求をすることができることとすることにより、消費者の利益の擁護を図り、もって国民生活の安定向上と国民経済の健全な発展に寄与することを目的とする。

（定義）
第二条　この法律において「消費者」とは、個人（事業として又は事業のために契約の当事者となる場合におけるものを除く。）をいう。
2　この法律（第四十三条第二項第二号を除く。）において「事業者」とは、法人その他の団体及び事業として又は事業のために契約の当事者となる場合における個人をいう。
3　この法律において「消費者契約」とは、消費者と事業者との間で締結される契約をいう。
4　この法律において「適格消費者団体」とは、不特定かつ多数の消費者の利益のためにこの法律の規定による差止請求権を行使するのに必要な適格性を有する法人である消費者団体（消費者基本法（昭和四十三年法律第七十八号）第八条の消費者団体をいう。以下同じ。）として第十三条の定めるところにより内閣総理大臣の認定を受けた者をいう。

（事業者及び消費者の努力）
第三条　事業者は、消費者契約の条項を定めるに当たっては、消費者の権利義務その他の消費者契約の内容が消費者にとって明確かつ平易なものになるよう配慮するとともに、消費者契約の締結について勧誘をするに際しては、消費者の理解を深めるために、消費者の権利義務その他の消費者契約の内容についての必要な情報を提供するよう努めなければならない。
2　消費者は、消費者契約を締結するに際しては、事業者から提供された情報を活用し、消費者の権利義務その他の消費者契約の内容について理解するよう努めるものとする。

第二章　消費者契約
第一節　消費者契約の申込み又はその承諾の意思表示の取消し

（消費者契約の申込み又はその承諾の意思表示の取消し）
第四条　消費者は、事業者が消費者契約の締結について勧誘をするに際し、当該消費者に対して次の各号に掲げる行為をしたことにより当該各号に定める誤認をし、それによって当該消費者契約の申込み又はその承諾の意思表示をしたときは、これを取り消すことができる。
　一　重要事項について事実と異なることを告げること。当該告げられた内容が事実であるとの誤認
　二　物品、権利、役務その他の当該消費者契約の目的となるものに関し、将来におけるその価額、将来において当該消費者が受け取るべき金額その他の将来における変動が不確実な事項につき断定的判断を提供すること。当該提供された断定的判断の内容が確実であるとの誤認
2　消費者は、事業者が消費者契約の締結について勧誘をするに際し、当該消費者に対してある重要事項又は当該重要事項に関連する事項について当該消費者の利益となる旨を告げ、かつ、当該重要事項について当該消費者の不利益となる事実（当該告知により当該事実が存在しないと消費者が通常考えるべきものに限る。）を故意に告げなかったことにより、当該事実が存在しないとの誤認をし、それによって当該消費者契約の申込み又はその承諾の意思表示をしたときは、これを取り消すことができる。ただし、当該事業者が当該消費者に対し当該事実を告げようとしたにもかかわらず、当該消費者がこれを拒んだときは、この限りでない。
3　消費者は、事業者が消費者契約の締結について勧誘をするに際し、当該消費者に対して次に掲げる行為をしたことにより困惑し、それによって当該消費者契約の申込み又はその承諾の意思表示をしたときは、これを取り消すことができる。
　一　当該事業者に対し、当該消費者が、その住居又はその業務を行っている場所から退去すべき旨の意思を示したにもかかわらず、それらの場所から退去しないこと。
　二　当該事業者が当該消費者契約の締結について勧誘をしている場所から当該消費者が退去する旨の意思を示したにもかかわらず、その場所から当該消費者を退去させないこと。
4　第一項第一号及び第二項の「重要事項」とは、消費者契約に係る次に掲げる事項であって消費者の当該消費者契約を締結するか否かについての判断に通常影響を及ぼすべきものをいう。
　一　物品、権利、役務その他の当該消費者契約の目的となるものの質、用途その他の内容
　二　物品、権利、役務その他の当該消費者契約の目的となるものの対価その他の取引条件
5　第一項から第三項までの規定による消費者契約の申込み又はその承諾の意思表示の取消しは、これをもって善意の第三者に対抗することができない。
（媒介の委託を受けた第三者及び代理人）
第五条　前条の規定は、事業者が第三者

に対し、当該事業者と消費者との間における消費者契約の締結について媒介をすることの委託（以下この項において単に「委託」という。）をし、当該委託を受けた第三者（その第三者から委託（二以上の段階にわたる委託を含む。）を受けた者を含む。以下「受託者等」という。）が消費者に対して同条第一項から第三項までに規定する行為をした場合について準用する。この場合において、同条第二項ただし書中「当該事業者」とあるのは、「当該事業者又は次条第一項に規定する受託者等」と読み替えるものとする。

2　消費者契約の締結に係る消費者の代理人（復代理人（二以上の段階にわたり復代理人として選任された者を含む。）を含む。以下同じ。）、事業者の代理人及び受託者等の代理人は、前条第一項から第三項まで（前項において準用する場合を含む。次条及び第七条において同じ。）の規定の適用については、それぞれ消費者、事業者及び受託者等とみなす。

（解釈規定）

第六条　第四条第一項から第三項までの規定は、これらの項に規定する消費者契約の申込み又はその承諾の意思表示に対する民法（明治二十九年法律第八十九号）第九十六条の規定の適用を妨げるものと解してはならない。

（取消権の行使期間等）

第七条　第四条第一項から第三項までの規定による取消権は、追認をすることができる時から六箇月間行わないときは、時効によって消滅する。当該消費者契約の締結の時から五年を経過したときも、同様とする。

2　会社法（平成十七年法律第八十六号）その他の法律により詐欺又は強迫を理由として取消しをすることができないものとされている株式若しくは出資の引受け又は基金の拠出が消費者契約としてされた場合には、当該株式若しくは出資の引受け又は基金の拠出に係る意思表示については、第四条第一項から第三項まで（第五条第一項において準用する場合を含む。）の規定によりその取消しをすることができない。

第二節　消費者契約の条項の無効

（事業者の損害賠償の責任を免除する条項の無効）

第八条　次に掲げる消費者契約の条項は、無効とする。

一　事業者の債務不履行により消費者に生じた損害を賠償する責任の全部を免除する条項

二　事業者の債務不履行（当該事業者、その代表者又はその使用する者の故意又は重大な過失によるものに限る。）により消費者に生じた損害を賠償する責任の一部を免除する条項

三　消費者契約における事業者の債務の履行に際してされた当該事業者の不法行為により消費者に生じた損害を賠償する民法の規定による責任の全部を免除する条項

四　消費者契約における事業者の債務の履行に際してされた当該事業者の不法行為（当該事業者、その代表者又はその使用する者の故意又は重大な過失

によるものに限る。）により消費者に生じた損害を賠償する民法の規定による責任の一部を免除する条項

五　消費者契約が有償契約である場合において、当該消費者契約の目的物に隠れた瑕疵があるとき（当該消費者契約が請負契約である場合には、当該消費者契約の仕事の目的物に瑕疵があるとき。次項において同じ。）に、当該瑕疵により消費者に生じた損害を賠償する事業者の責任の全部を免除する条項

2　前項第五号に掲げる条項については、次に掲げる場合に該当するときは、同項の規定は、適用しない。

一　当該消費者契約において、当該消費者契約の目的物に隠れた瑕疵があるときに、当該事業者が瑕疵のない物をもってこれに代える責任又は当該瑕疵を修補する責任を負うこととされている場合

二　当該消費者と当該事業者の委託を受けた他の事業者との間の契約又は当該事業者と他の事業者との間の当該消費者のためにする契約で、当該消費者契約の締結に先立って又はこれと同時に締結されたものにおいて、当該消費者契約の目的物に隠れた瑕疵があるときに、当該他の事業者が、当該瑕疵により当該消費者に生じた損害を賠償する責任の全部若しくは一部を負い、瑕疵のない物をもってこれに代える責任を負い、又は当該瑕疵を修補する責任を負うこととされている場合

（消費者が支払う損害賠償の額を予定する条項等の無効）

第九条　次の各号に掲げる消費者契約の条項は、当該各号に定める部分について、無効とする。

一　当該消費者契約の解除に伴う損害賠償の額を予定し、又は違約金を定める条項であって、これらを合算した額が、当該条項において設定された解除の事由、時期等の区分に応じ、当該消費者契約と同種の消費者契約の解除に伴い当該事業者に生ずべき平均的な損害の額を超えるもの　当該超える部分

二　当該消費者契約に基づき支払うべき金銭の全部又は一部を消費者が支払期日（支払回数が二以上である場合には、それぞれの支払期日。以下この号において同じ。）までに支払わない場合における損害賠償の額を予定し、又は違約金を定める条項であって、これらを合算した額が、支払期日の翌日からその支払をする日までの期間について、その日数に応じ、当該支払期日に支払うべき額から当該支払期日に支払うべき額のうち既に支払われた額を控除した額に年十四・六パーセントの割合を乗じて計算した額を超えるもの　当該超える部分

（消費者の利益を一方的に害する条項の無効）

第十条　民法、商法（明治三十二年法律第四十八号）その他の法律の公の秩序に関しない規定の適用による場合に比し、消費者の権利を制限し、又は消費者の義務を加重する消費者契約の条項であって、民法第一条第二項に規定する基本原則に反して消費者の利益を一方的に害するも

のは、無効とする。

第三節　補則
（他の法律の適用）
第十一条　消費者契約の申込み又はその承諾の意思表示の取消し及び消費者契約の条項の効力については、この法律の規定によるほか、民法及び商法の規定による。
2　消費者契約の申込み又はその承諾の意思表示の取消し及び消費者契約の条項の効力について民法及び商法以外の他の法律に別段の定めがあるときは、その定めるところによる。

あとがき

　日本人の海外旅行者数が1千万人を超えた1990年以降、海外パッケージツアーを企画する旅行会社が飛躍的に増加し、その結果、旅行業界の価格競争への転換が始まった。そして旅行会社は、とくに詳しい知識もない一般の旅行者がパッケージツアーに参加していることを十分に承知していたにもかかわらず、品質管理や旅行者の立場を考えたサービス精神を忘れ、安いほど売れるという考えが先に立った商品企画や販売に邁進していったのである。それによって旅行者は旅行に対する夢を持つ以上に、募集パンフレットの内容どおりだったかどうかのみ気にする風潮が高まり、それが旅行者の自己責任意識を遠のかせ権利意識のみを強めていった。そして、旅行会社の責任となるクレームが増えたのは当然であるが、旅行者側に原因があるクレームも急激に増大するという結果を招いたのである。

　旅行という形のない商品の特殊性から、どれほど高品質の旅行商品であっても、事の大小を別にすればクレームの原因になる出来事が発生するケースがないとは言い切れない。国内旅行であれば自力で解決できるケースは多いと思うが、海外旅行の場合は、風俗や習慣、とくに言葉の違いから些細な問題でもその場で解決できないことがある。元来旅行者は旅を楽しみたいという気持ちを持っている。それゆえに何らかの問題が発生してもその場で解決できれば、こんなことがあるのも海外旅行だからと思って、納得してくれる人が多い。したがって、問題をその場で解決するためには、添乗員、現地ガイド、現地旅行会社やホテルのスタッフ等、旅行に関わるすべての人たちのお客様を思いやる気持ちが欠かせないと言える。

　もちろん、旅行出発前でもクレームは発生することがある。商品企画から手配までの段階でのミス、また、販売員や出発空港での係員のミスインフォメーションなどが考えられる。では、旅行出発までの段階で何のミスもなかったとしたらクレームが発生しないかと言えばそうでもない。

　たとえば、パスポートの有効残存期間の問題である。確かに募集パンフ

レットには渡航先国に関するパスポートの有効残存期間について記載されている。販売員は、パンフレットの条件書や注意書きをよく読むようにと説明すれば、旅行業法上の説明義務を果たしたことになる。しかし旅行者がそれを読まず、出発空港で有効残存期間不足が発覚し旅行をキャンセルせざるを得なくなったとしたら、やはりクレームに発展するであろう。販売員はたとえ義務ではなくてもパスポートのコピーをもらって確認して欲しい。また、旅行中にケガや病気になったという場合、それがたいしたことではなかったとしても、販売員が帰国後すぐに「おケガのほうは、いかがですか」などのお見舞いの一言を述べれば、その旅行者はロイヤルカスタマーになる可能性がある。しかし言わなければ、あんな冷たい旅行会社は二度と利用しないとなるかもしれない。

　旅は非日常の世界、異文化の世界の体験である。旅行者は夢や感動を期待して旅に出る。その期待が何らかの不愉快な出来事によって裏切られたときに発生するのがクレームである。しかし、そのような出来事があっても、それを補う「何か」があれば、クレームは発生しないのではなかろうか。その「何か」とは、私たち日本人がもっとも得意とする「おもてなし」の心である。「一期一会」の気持ちを常に忘れず、旅行者の一つ先を考えたホスピタリティを発揮することが重要であり、それがクレーム予防へとつながり、ひいてはロイヤルカスタマーの囲い込みにつながると言える。

　なお、本書では資料編として、標準旅行業約款、景表法、消費者契約法に関して、旅行会社ならびに現地旅行会社の社員、添乗員、現地ガイドの方々にとって必要最低限身に付けて欲しい知識として一部抜粋の形で掲載した。同時に観光系の大学生や専門学校生の教科書としても使用できる内容にしている。多くの方々に読んでいただき、クレーム予防方法、ひいてはツーリズム産業のホスピタリティについて考えていただけたら幸いである。

2016年1月

菅生　洋

● 著者略歴

安田 亘宏（やすだ のぶひろ）
西武文理大学サービス経営学部教授
法政大学大学院政策創造研究科博士後期課程修了、博士（政策学）。
1977年、JTB入社。JTBグループの旅の販促研究所所長などを歴任。2010年より現職。日本エコツーリズム協会理事、コンテンツツーリズム学会副会長、日本観光研究学会会員、日本国際観光学会会員、日本旅行作家協会会員。
著書に『観光サービス論』『コンテンツツーリズム入門』『フードツーリズム論』（以上古今書院）『食旅と観光まちづくり』『食旅と農商工連携のまちづくり』（以上学芸出版社）、『「澤の屋旅館」は外国人になぜ人気があるのか』『旅人の本音』『キャッチコピーに見る「旅」』（以上彩流社）、『長旅時代』『食旅入門』『犬旅元年』『祭旅市場』『島旅宣言』『鉄旅研究』（以上教育評論社）、『旅の売りかた入門』『旅行会社のクロスセル戦略』（以上イカロス出版）他多数。

菅生 洋（すごう ひろし）
西武文理大学サービス経営学部非常勤講師
中央大学法学部法律学科卒業。
1972年、日本通運㈱入社。日通旅行で海外旅行の商品企画・販売促進を担当。1996年、日本旅行業協会（JATA）消費者相談室長、年間約4000件のトラブルを処理。消費者セミナー等多数講演。2007年より西武文理大学教授。2014年より現職。
著書に『判例漫歩＆こんな時どうする！苦情対応110番』（共著、トラベル・ジャーナル）等がある。

事例で読み解く
海外旅行クレーム予防読本

2016年2月1日　第1版第1刷発行

著　者　　安田亘宏・菅生洋
発行者　　前田裕資
発行所　　株式会社 学芸出版社
　　　　　京都市下京区木津屋橋通西洞院東入
　　　　　〒600-8216　tel 075-343-0811
　　　　　http://www.gakugei-pub.jp/
　　　　　E-mail info@gakugei-pub.jp

装　丁　　KOTO DESIGN Inc. 山本剛史
　　　　　カバーイラスト：FiTS 石津雅和
印　刷　　オスカーヤマト印刷
製　本　　山崎紙工

JCOPY 〈(社)出版者著作権管理機構委託出版物〉
本書の無断複写（電子化を含む）は著作権法上での例外を除き禁じられています。複写される場合は、そのつど事前に、(社)出版者著作権管理機構（電話 03-3513-6969、FAX 03-3513-6979、e-mail: info@jcopy.or.jp）の許諾を得てください。
また本書を代行業者等の第三者に依頼してスキャンやデジタル化することは、たとえ個人や家庭内での利用でも著作権法違反です。

©安田亘宏・菅生洋 2016　　Printed in Japan
ISBN 978-4-7615-1356-6

好評発売中

食旅と観光まちづくり

安田亘宏 著
四六判・224頁・定価 本体1900円＋税

食は最大の観光資源！ 高級食材からB級グルメ、農家レストランまで、ユーザーは何を望んでいるのか、どうしたら来てくれるのかを、旅行者の行動や意識の調査結果をもとに検証。地域の「食」や「食文化」を観光資源として磨き、旅行者を呼ぶまちづくりを実践している地域や、ツアー企画者に最適。食旅で元気な代表的なまちも紹介。

食旅と農商工連携のまちづくり

安田亘宏・才原清一郎 著
四六判・200頁・定価 本体1800円＋税

「農商工等連携促進法」や「中小企業地域資源活用促進法」の成立により農商工連携の取り組みが全国に広がっている。しかし商品はできても売り方がわからないという地域も多い。そこで本書では、地域の味力をフルに活かした商品開発と、観光とタイアップしたマーケティングによって確実にファンを増やす「食旅」の手法を紹介する。

体験交流型ツーリズムの手法
地域資源を活かす着地型観光

大社充 著
四六判・192頁・定価 本体1600円＋税

2008年10月に観光庁が新設されるなど、観光・交流による地域再生への期待は高い。そこではエコ、グリーン、長期滞在、産業観光等、地域資源を活かし、地域で取り組むニューツーリズムが主役だ。そのプログラムづくりの秘訣、地域に求められる人材、組織づくりの考え方を、20年にわたる体験交流プログラムづくりの経験からまとめた待望の書。

これでわかる！ 着地型観光
地域が主役のツーリズム

尾家建生・金井萬造 編著
A5判・224頁・定価 本体2400円＋税

マスツーリズムや公共事業による地域開発が行き詰まるなか、地域資源を地域自らがプロデュースする着地型観光が注目されている。旅行業者にとっては新たな市場として、地域にとっては交流による地域振興のテコとして期待される。地域と観光客、旅行業者が互いに益する関係を築き、地域振興につなげる考え方と実践手法を解説。

観光振興と魅力あるまちづくり
地域ツーリズムの展望

佐々木一成 著
A5変形判・240頁・定価 本体2600円＋税

観光立国推進基本法が成立し2008年には観光庁が新設された。観光は21世紀の主要産業として、また地域振興の要として期待されている。しかし団体旅行は先細りで、史跡名勝やハコ物で人が集まる時代ではない。本物志向の人々の心を掴むにはどうすれば良いか。地域独自の魅力を再発見し、生かす、地域主導の観光振興策を提言する。

スポーツツーリズム・ハンドブック

日本スポーツツーリズム推進機構 編
B5判・136頁・定価 本体2000円＋税

スポーツイベントの誘致・主催に携わる地元の方、ツアーを造成する旅行業の方のための入門書。スポーツツーリズムとは何か、どんな人が関わっているのか、どんなお客さまか、イベント誘致・主催のために必要なこと、イベントやツアーのマーケティングやマネジメント、地域振興のためのポイントについて、事例も加えてやさしく具体的に解説する。